결과로 말하는

고수들의
실전
SNS

📶 **결과로 말하는**
고수들의 실전 SNS

1판 1쇄 펴낸 날 2019년 5월 1일
1판 3쇄 펴낸 날 2019년 7월 15일

지은이 정진수 외
펴낸이 나성원
펴낸곳 나비의활주로

기획편집 유지은
디자인 design BIGWAVE

주소 서울시 강북구 삼양로 85길, 36
전화 070-7643-7272
팩스 02-6499-0595
전자우편 butterflyrun@naver.com
출판등록 제2010-000138호
상표등록 제40-1362154호

ISBN 979-11-88230-67-9 03320

결과로 말하는 고수들의 실전 SNS

정진수 이선영 최기횐 김재은 김선화 박설미 유선일 이민재 최은희 지음

나비의 활주로

SNS, 당신의 삶을 바꾸는
강력한 마케팅 도구

콘텐츠의 흐름이 문자 중심에서 이미지를 넘어 이제는 영상, 방송 등으로 넘어간 지 오래이다. 이에 따라서 다양한 채널이 나타났다가 사라지고 진화하기를 반복하고 있다. 이제는 의사결정을 SNS로 진행해도 큰 오류가 나지 않을 정도로 SNS는 없어서는 안 될 세상의 도구가 되었다.

지금 대한민국에서 홍보 방법으로 'SNS 마케팅'을 빼면 할 이야기가 없을 정도이다. SNS마케팅은 이제 개인이든 기업이든, 중소기업이든 대기업이든 모두에게 핵심 역량 중 하나가 되었다. 남녀노소 가리지 않고 스마트폰이 생활필수품이 되면서 기존에 주목을 받았던 매체들도 광고의 홍수 속에서 더는 큰 시선을 끌지 못한다. 그렇다면 이런 상황에서 우리는 어떤 마음가짐, 그리고 전략과 실행으로 SNS를 활용해야 할까?

혹시 스마트폰이 세상에 언제 나왔는지 아는가? 2007년, 처음 미국에서 아이폰이 출시되었다. 그러니 불과 10년이 조금 지난 셈이다. '10년이면 강산이 변한다'는 말을 증명하기라도 하듯, 스마트폰 하나로 세상은 참 많이 변했다.

우리는 스마트폰 없이 다니는 것을 상상할 수 없다. 사실상 스마트폰이 출시된 지 10여 년이 되었지만 보급되고 대중화되기까지는 그리 긴 시간이 걸리지 않았다. 그런데도 이제는 일상 어느 곳에서나 온라인을 사용하지 않는 곳을 찾아보기 어렵다. 앞으로도 스마트폰으로 세상은 더욱 변할 것이다.

지금 이 책을 읽고 있는 도중에도 스마트폰으로 시계를 보거나 스마트폰에서 카카오톡이 울리고 있지는 않은가. 필자들은 일상, 업무, 자랑하고 싶은 것 등을 SNS에 올린다. 그럼 실시간으로 지인들이 내가 올린 내용을 보고 반응하며 생각을 주고받는다.

개인, 특히 영향력 있는 개인이 올린 하나의 이미지나 글 한 줄에 기업은 자사 브랜드가 언급되기를 바란다. 이제는 굳이 지갑을 들고 다니거나 은행에 가서 기다릴 필요가 없다. 스마트폰으로 택시를 부르고 기차나 비행기 등 원거리 교통도 스마트폰으로 쉽게 예약한다. 가상화폐라는 단어에 익숙해졌고 오늘 주문한 택배 상품이 다음날 혹은 당일에 도착하기도 한다. 이렇듯 SNS는 파급력 있게 우리의 삶 깊숙이 침투했다. 세상이 점점 더 온라인으로 빠져들 것이다.

그런데도 당신은 그저 소비자로서 혹은 사용자로서 수동적인 상황에 머물러 있어서야 되겠는가? 당신도 온라인에 관해서 마냥 바라보지만 말고 당연히 준비해서 적극적으로 활용해야 한다. 이제 선택이 아니라 필수, 바로 생존이 달린 문제가 되었기 때문이다.

간략한 SNS 마케팅의 단계는 이러하다. '채널별로 목적을 세우고 콘셉트를 잡는다. 이에 맞추어 콘텐츠를 만들고 올리는 실행을 통해 성과를 낸다.' 여기서의 성과란 바로 '매출을 만들고 브랜드를 홍보하거나 나를 제대로 알리는 것'이다. 그러나 이에 앞서 해야 할 일은 먼저 채널에 대한 이해와 깊은 연구이다. 바로 이 책에서 그 작업을 하기 쉽게 도와

줄 것이다.

여기에 4권의 SNS 분야 베스트셀러 책을 쓰고 대한민국 최초 SNS 트렌드 책을 쓴 정진수 강사와 8명의 SNS 전문가들이 다년간의 SNS 경험과 노하우를 담았다. 당신의 소중한 시간을 아껴주고 통찰력을 제공할 이 책을 끝까지 읽으라. 그리고 SNS 마케팅을 확실하게 익힌 다음 SNS 세상 속에 설레는 마음으로 빠져보라. SNS로 당신의 삶은 바뀔 수 있다.

필자 일동

CONTENTS

PART 1 | 대한민국 SNS 마케팅의 현주소   013

PART 2 | 여전히 내공 갑 마케팅 툴 네이버 파헤치기   045

Instagram

 PART_1   •••

대한민국
SNS 마케팅의
현주소

1,989 likes

PART_1 대한민국 SNS 마케팅의 현주소를 알아보자.   more

View all 99 comments

Add a comment ...

◉ 🛜 ▶ 🌐 👍

SNS, 홍보 마케팅의 중심에 우뚝 서다

❶ 홍보 마케팅의 중심에는 SNS가 있다

대한민국 스마트폰 보급률 94%, 세계 1위

주변에서 스마트폰을 사용하지 않는 사람을 찾기는 몹시 어렵다. 그만큼 스마트폰은 우리의 삶 깊숙이 침투해 있다. 마주 앉아 있어도 대화하는 시간보다 스마트폰으로 사진을 찍거나 각자의 SNS, 카카오톡 등을 들여다보는 시간이 많다.

직장인의 하루 일상을 살펴보자. 아침에 스마트폰에서 울리는 알람 소리를 듣고 일어난다. 집을 나서기 전 스마트폰으로 오늘의 날씨를 살펴본다. 집을 나서며 스마트폰에 이어폰을 장착해 유튜브 채널을 열어 평상시 즐겨보던 영상 콘텐츠를 청취하며 지하철역에 도착한다. 지하철 전동차 안에서도 거의 다 본인의 스마트폰을 본다. 이는 흔한 광경이

지하철에서 대부분의 승객이 스마트폰을 바라보고 있는 모습

다. 스마트폰으로 네이버 모바일 애플리케이션에서 오늘의 뉴스를 확인하고, 페이스북, 인스타그램 등 SNS 채널을 차례로 살펴보면서 팔로워의 글을 확인하며 공감, 댓글, 공유 등의 공감을 표현하고 사람들과 소식이나 안부를 주고받는다.

언제 어디서나 SNS 접속이 가능한 시대

스마트폰을 보며 출근한 사람이 출근길에 스쳐 지나간 오프라인 광고가 얼마나 될까? 버스 차량 광고, 버스 정류장 광고, 건물 옥외 광고, 지하철 광고, 지하철역 출구에서 나눠주는 전단까지 얼마나 많은 광고를 접했을까? 그런데 과연 그중에 기억나는 광고는 있을까?

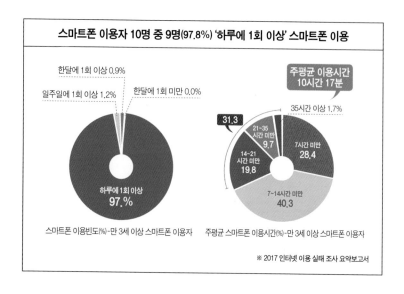

스마트폰 이용자 10명 중 9명(97.8%) '하루에 1회 이상' 스마트폰 이용

한달에 1회 이상 0.9%
일주일에 1회 이상 1.2%
한달에 1회 미만 0.0%

주평균 이용시간
10시간 17분

35시간 이상 1.7%

31.3

21~35시간 미만 9.7

7시간 미만 28.4

14~21시간 미만 19.8

하루에 1회 이상 97.%

7~14시간 미만 40.3

스마트폰 이용빈도(%)-만 3세 이상 스마트폰 이용자   주평균 스마트폰 이용시간(%)-만 3세 이상 스마트폰 이용자

※ 2017 인터넷 이용 실태 조사 요약보고서

후하게 오프라인 광고에 점수를 주고 싶지만, 현실은 당신이 생각한 그대로이다. 이 책을 읽기 전까지 오늘을 한번 돌이켜보자. 얼마나 많은 광고가 머릿속에 남아 있는가?

이제는 텔레비전 방송보다 1인 방송이나 유튜브가, 텔레비전 뉴스보다 카드 뉴스가, 대형 백화점의 푸드 코트보다 SNS에서 뜨는 작은 매장 하나가, 대형 스타보다 인플루언서가 인기를 누린다. 택시도 스마트폰으로 호출하고 지갑 없이 어디든 다닌다. 세상에 없던 가상화폐가 나온 지도 꽤 되었다.

스마트폰이 세상에 출시된 지 약 10년 만에 이렇게 세상은 크게 변했다. 스마트폰으로 하는 SNS는 홍보 마케팅의 중심에 섰다. 대부분 사람들이 아침에 일어날 때부터 스마트폰을 보기 시작해서 잠들기 직전까지도 손에서 스마트폰을 떼지 못한다. 이제는 스마트폰으로 사람과 소통하고, 쇼핑하고, 학습하며 정보를 검색한다. 대한민국의 스마트폰 이용자의 일주일 평균 이용 시간은 10시간 17분이며, 하루 평균 이용 시간은 약 3시간 28분이다. 이는 하루의 8분의 1이 넘는 시간이다.

스마트폰 이용자 중 하루에 1회 이상 SNS에 접속하는 사람은 97.8%에 달한다. 그만큼 스마트폰으로 네트워크 서비스를 접하는 시간이 상당하다. 스마트폰 사용 시간과 보급률 세계 1위인 대한민국에서 SNS 마케팅은 기회의 땅이나 다름없다. 그러니 SNS 마케팅이 가장 인기 있는 마케팅이라는 의견에 이견을 달 사람은 없다.

❷ SNS 마케팅, 누구나 쉽게 할 수 있지만 성공에는 노하우가 있다

누구나 동등한 기회를 얻는 SNS 마케팅의 세계

대부분의 개인이나 기업 SNS를 개설하는데 비용이 들지 않으니 계정은 쉽게 만든다. '쉽고 빠르게 무료로 한다.' 이것이야말로 SNS의 큰 장점이다. 하지만 그냥 개설했다고 해서 그 채널을 봐줄 사람은 거의 없다. 충분한 시간과 노력을 투자하여 좋은 콘텐츠를 만들어 낼 수 있어야 효과를 본다.

블로그, 페이스북, 인스타그램, 밴드. 이러한 SNS 채널을 사용하는데 우리는 직접 비용을 내지 않는다. 한마디로 광고 이외의 모든 서비스를 공짜로 이용한다. 따라서 SNS 채널은 마케팅 비용이 부족할 수밖에 없는 개인이나 소상공인에게 동등한 기회로 작용한다.

반대로 말하면 '무료로 운영하고 홍보할 수 있는 만큼 더 많은 시간과 노력이 필요한 채널이라는 이야기'이다. 부지런하게 매일 신경쓰고 다양한 콘텐츠를 꾸준히 발행하며 사람들의 반응을 관찰하고 주기적으로 행사를 기획해야 한다. 또한 채널을 방문한 사람에게 정성 어린 답변을 남기고 그 사람의 채널에 찾아가서 관심도 표현해야 한다. 필요하면 예산을 책정 받아 광고를 진행한다. 따라서 일반 개인이 SNS를 할 때와 SNS

마케팅을 할 때는 달리 많은 것을 신경 쓰고 운영도 다르게 해야 한다.

보통 온라인을 기반으로 성장한 회사가 아니라 중소상공 업체라면 SNS 분야는 전문 직원을 고용해서 진행하기보다는 스마트폰이 익숙한 청년층이나 마케팅 담당자가 진행한다. 업무를 맡으면 그저 채널을 만들고 기계적으로 글을 쓴다. 하지만 SNS 운영 방법이나 기술을 배운 적이 없어서 본인이 하는 것이 잘되고 있는 지에 대한 확신도 없고 그 업무를 확인해 줄 상사도 없는 경우가 허다하다. 이러한 상황에서 좋은 결과가 나오기는 무척 어렵다.

일본의 아이돌 그룹 리브 프롬 디브이엘Rev. from DVL의 구성원이었던 하시모토 칸나는 평범한 아이돌 멤버 중 한 명이었으나, 어느 팬

하시모토 칸나를 스타덤에 오르게 한 사진

이 찍어준 사진 한 장으로 하루아침에 일본에서 스타가 되었다. 이 사진으로 칸나는 '1000년에 한 번 나올 미소녀, 천년 돌Doll'이라는 수식어가 붙어 우리나라에서는 천년 돌로 알려졌다.

재작년에 국내에서 유행했던 대왕 카스테라를 기억하는가? SNS상에서도 핫 이슈가 될 정도로 대왕 카스테라의 인기는 급성장했다. 그러나 한 케이블 채널에서 대왕 카스테라에 사용되는 식용유가 몸에 좋지 않다는 보도가 나오고 SNS에 그 소식이 급격하게 퍼지면서 대왕 카스테라는 순식간에 불매운동을 통해 국내에서 사라져 버렸다. 그만큼 SNS는 영향력이 대단하다.

이처럼 SNS는 사진 한 장과 글 하나로 사람이나 브랜드를 하루아침에 일약 스타로 만들어주기도 한다. 하지만 반대로 하루아침에 불매 운동이 일어나 기업을 무너트릴 수도 있다. 따라서 SNS는 열심히 하는 것도 중요하지만 전략을 가지고 신중하고 확실하게 운영해야 한다.

③ SNS 채널,
먼저 지피지기를 해야 백전백승

각 채널별 특성을 정확하게 파악할 것

바야흐로 SNS 채널 홍수이다. 홍보 채널의 원조 격인 N사의 블로그를 시작으로 트위터, 페이스북, 카카오스토리, 인스타그램, 밴드, 유튜브 등이 있다. 이처럼 수많은 SNS 채널이 새롭게 등장해서 사랑받거나 외면당하며 나타났다 곧 사라지기도 한다. 수많은 채널 중에서 본인이나 자사의 브랜드에 맞는 SNS는 어떤 채널일까? 어떤 채널을 집중적으로 운영해야 효과적일지에 대해 고민이 많을 것이다. 앞으로 자세하게 채널별 마케팅 분석과 방법이 나오지만 여기서 간단하게 정리를 해보겠다.

⌂ 네이버 naver.com

첫 번째로 네이버를 빼놓을 수 없다. 우리나라 포털 사이트 점유율에서 압도적인 1위이기 때문이다. 네이버에서는 블로그, 지식인, 카페, 스마트 스토어, 포스트, 밴드, 폴라, 플레이스 등의 서비스를 한다. 대한민국 전 국민이 가장 많이 쓰는 포털 사이트답게 필요한 모든 서비스를 계속해서 내놓을 것이다. 네이버는 좋은 정보를 자체적인 알고리즘을 통해 노출을 해주기 때문에 새롭게 내놓은 서비스에 대해 집중해야 하며,

이와 더불어 알고리즘에 대한 공부가 필수적이다.

소비자의 구매 결정 과정 중 검색 단계에서 자사 브랜드 노출을 원한다면 시간이 조금 걸리더라도 블로그 채널(section.blog.naver.com) 운영을 추천한다. 또는 제품의 특징이나 우수성을 표현하는 것이 중요한 브랜드라면 블로그에 전문적인 지식을 담아 발행하여 잠재 고객에게 신뢰를 얻는다. 꾸준하게 브랜드와 관련 있는 정보성 콘텐츠를 발행하며 방문자가 궁금한 사항에 답하고 해결해 준다면 사람들이 믿고 그 제품을 구매할 가능성이 크다.

> 검색엔진 검색 결과로 노출되고자 한다면,
> 전문지식과 정보가 중요한 브랜드라면,
> 고관여 상품이나 서비스라면 네이버를 활용하라

🔊 인스타그램 Instagram

인스타그램은 지속적인 성장을 하고 있기에 눈여겨볼만한 채널이다. 페이스북이 인수한 이후 페이스북과 연계되는 서비스, 광고부터 시작해 비즈니스 계정, 쇼핑태그 등의 서비스가 생겼다. 사진으로 표현할 수 있는 업종은 모두 인스타그램에서 효과를 보며, 대표적으로는 외식업, 패션, 미용, 운동, 여행, 자동차, 애완동물 업종을 들 수 있다. 마케팅 방법으로는 팔로워뿐만 아니라 해시태그로도 홍보할 수 있다.

최근에 나온 비즈니스 기능 중에서 쇼핑태그가 무척 유용하다. 쇼핑태그는 제품을 직접 바로 소비자에게 판매할 수 있는 링크를 제공하므로 상업적으로 인스타그램을 운영하는 이들에게 희소식이다. 수수료

없이 바로 자신이 가진 자사 몰이나 스마트스토어 등 어디로든 보낼 수 있다. 홍보의 목적으로 인스타그램을 한다면 꼭 사용해보자.

> 비쥬얼 이미지가 중요한 브랜드라면,
> 20대가 타깃 고객인 업종이나 제품이라면,
> 해시태그로 바로 잠재 고객들에게
> 노출될 수 있는 인스타그램을 활용하라

📶 페이스북 Facebook

페이스북은 개인 계정과 상업적인 활동을 할 수 있는 페이지, 그룹, 샵, 라이브 방송, 페이스북 워치, 광고 등이 많이 사용된다. 페이스북의 가장 큰 장점은 아래의 3가지이다.

먼저, 다양한 연령층이 사용한다. 카카오스토리는 주부들이 많이 사용하고 인스타그램이 젊은 층이 많이 사용하고 있다면, 페이스북은 사용 연령층이 폭넓다는 큰 강점이 있다.

다음으로 확산이 유리하다. 공유 및 댓글 소환 이벤트 등 확장성이 유리하다. 참고로 인스타그램은 자체 공유기능이 없고, 글 속에서 링크가 걸리지 않으므로 확장성이 상당히 떨어진다는 단점이 있지만, 페이스북은 자유롭다. 따라서 이는 장점이라 할 수 있다.

마지막으로 잠재 고객을 찾기가 쉽다. 그러므로 쇼핑몰을 운영하는 브랜드라면 페이스북을 추천한다. 또한 페이스북 페이지를 '좋아요'한 팬층과 소통하여 신뢰를 쌓거나 팬 이외 고객에게 광고하여 채널의 콘텐츠 노출을 높일 수 있다. 최근 샵 기능이 생겨서 페이스북에서 직접 구매도 쉬워졌다.

> 잠재 고객을 찾아내 광고하는 마케팅 전환을 하고 싶다면,
> 타깃 고객들에게 광고하는 노출을 증대하고 싶다면,
> 샵 기능으로 구매를 유도하고 싶다면 페이스북을 이용하라

카카오스토리 KakaoStory

카카오스토리는 안타깝게도 재작년 정도까지 큰 인기를 끌었으나 개인 홈페이지로 광고하려는 사람이 많아지면서 사용자를 많이 잃었다. 초창기에 공유 이벤트 및 공동 구매가 활발하게 일어난 채널이었으나 현재는 다수의 사용자가 빠져나가서 과거의 명성이 줄었다. 아직 30~50대 주부들이 많이 사용하므로 이 타깃을 대상으로 하는 상품이나 브랜드는 카카오스토리를 활용하는 것이 좋다.

> 30~50대 주부층이 타깃인 브랜드라면,
> 카카오스토리에 공을 들여라

유튜브 Youtube

유튜브는 '갓 튜브'라고 불리며 널리 퍼졌고 보는 사람도 많다. 아프리카 TV 비제이 BJ, Broadcasting Jockey 가 대거 유튜버로 전향하였을 정도이다. 전 연령층을 불문하고 동영상에 열광하면서 유튜브는 네이버의 가장 큰 위협 상대로 여겨지면서 영역을 확장하고 있다. 알리고 싶은 일에는 글보다는 사진, 사진보다는 동영상이 효과가 크다. 브랜드와 제품의 우수성, 브랜드에 공감할 수 있는 이야기를 더욱 잘 전달하려면 동영상이

가장 효과적이다. 자동차, 미용, 운동 등의 영역에서 엄청난 영향력을 행사한다. 최근 동영상 콘텐츠 열풍을 본다면 유튜브는 필수 운영 채널이다. 동영상으로 브랜드를 알리기 좋은 제품이나 제품 사용법이 해당 제품의 구매 결정에 중요한 사항이라면 유튜브 채널을 운영해보기를 추천한다. 하지만 다른 콘텐츠에 비해 들어가는 시간과 노력을 많이 필요로 한다.

> 동영상으로 어필하기 좋은 브랜드라면,
> 제품 사용법How To의 설명이 중요한 브랜드라면,
> 유튜브를 활용하라

SNS 마케팅 알고리즘을 이해하라

먼저 네이버의 서비스인 블로그와 SNS의 알고리즘의 차이부터 이해해야 한다. 블로그는 검색 기반, 즉 목적성이 있는 키워드를 가지고 마케팅을 하므로 잠재 고객을 만날 확률이 상당히 높다. 물론 네이버의 알고리즘에 따라 검색 결과로 나와야 효과를 볼 수 있지만, 방법으로는 나에게 제일 적합한 고객을 만날 수 있게 해준다.

만약 오늘 당신이 네이버에서 '부산 맛집'을 검색했다고 가정해 보자. 어떠한 이유로 검색한 것일까? 당연히 부산에 있는 맛집을 찾기 위해서 그렇게 입력했을 것이다. 따라서 검색으로 들어오는 사람은 다 나의 잠재 고객이라고 볼 수 있다.

단, 여기서 인스타그램은 블로그와 같은 검색 기반 마케팅이 가능하다. 바로 해시태그Hashtag란 기능 때문이다. 해시태그란 게시물의 분류와

검색을 용이하도록 만든 일종의 메타데이터다. 해시 기호(#) 뒤에 단어나 문구를 띄어쓰기 없이 붙여 쓴다고 해시태그라는 이름이 붙었다. 따라서 10~20대 층이 네이버에서 검색하지 않고 SNS를 통해 검색하고 맛집이나 괜찮은 장소를 찾아간다. 이유는 네이버는 광고라는 인식이 생기기 시작했고, 인스타그램의 경우 상당히 시각적으로 보기 편안한 부분들 때문이다. 이러한 이유로 인스타그램은 요즘 핫한 SNS채널로 주목받고 있다.

그렇다면 SNS 마케팅의 특징은 무엇일까? 지금 당신이 맛있어 보이는 떡볶이 사진을 보았다고 했을 때 '오늘 떡볶이를 먹을까?' 하는 생각

사진 한장으로 모든 것을 표현하는 인스타그램

이 들게 된다. 사진을 본 사람 모두가 떡볶이를 먹진 않겠지만, 이 사진 하나로 떡볶이를 먹는 사람이 생길 수 있다. 정리하면 특정 SNS를 본 사람이 많으면 그걸 보고 행동의 변화를 유도하는데 아주 적합한 채널이다. 단, 접속자가 많아도 구매로 이어지는 비율이 높지는 않다. 그래서 대부분 SNS 광고 의뢰는 다른 매체에 비해 저렴한 편이다. 많은 사람에게 노출까지는 가능하나 구매 전환율까지는 높지 않기 때문이다.

만약에 세상에 없던 상품을 처음 만들었다면, 블로그로 홍보하는 것이 좋을까? SNS로 홍보하는 것이 좋을까? 정답은 바로 SNS이다. 네이버의 블로그를 활용하려면 키워드가 있어야 한다. 하지만 세상에 없던 상품이 처음 나왔다면 사람들은 이 상품을 나오게 할 키워드를 알 수 없다. 그러므로 텔레비전이나 SNS 등을 활용해서 불특정 다수에게 노출을 시켜야 홍보가 가능하다.

모든 채널을 완벽하게 활용하기는 쉽지 않고 물리적인 시간도 고려해야 하므로 자기에게 맞는 수단을 선정하고 목표 설정 후 운영해야 한다. 앞으로 각각의 채널 운영 방법에 대해서 자세히 살펴보겠다.

📍 📶 ▶ 🌐 👍

SNS 마케팅의 시작은
다름 아닌 콘셉트이다

① 마케팅 성공을 좌지우지하는 키워드, 콘셉트

콘셉트, 당신의 채널을 찾는 이유

"마케팅에서 가장 중요한 것이 무엇인가요?"

누군가 이런 질문을 한다면 늘 '콘셉트Concept'라고 이야기한다. 이는 SNS 마케팅에서도 마찬가지이다. 의외로 콘셉트에 대한 고민 없이 남들이 다 하니 무턱대고 SNS 채널을 열어서 이런저런 내용을 남발하는 이들도 종종 있다. 그런데 이렇게 하면 과연 성공할 수 있을까?

기본적으로 '마케팅은 대중의 기억 속에 우리 브랜드를 남기기 위해서' 하는 행위이다. 더 나아가서는 경쟁 브랜드와 차별점이 있어 우리 브랜드를 선택하게 해야 한다. 그러기 위해서는 우리 브랜드, 우리의 채널을 어떻게 알려야 하는지에 대한 고민부터 시작해야 한다. 이런 고민 없이 SNS 채널을 운영한다면 일관성 없는 콘텐츠를 발행하며, 사람들에게 혼란스러운 메시지가 전달될 것이다. 한마디로 마케팅의 목적을 달성하기 힘들어진다.

SNS 채널의 콘셉트는 사람들이 당신의 채널을 방문하는 이유이다. 제품으로 따지면 셀링포인트Selling Point, 바로 사야 할 이유이다. 당신의 채널을 방문할 이유가 분명하지 않다면 방문자가 당신의 채널을 쉽게 잊는다. 다른 채널에 없는 콘셉트를 가진 채널이라면 어떨까? 콘셉트에 부합하는 가치 있는 콘텐츠로 채널을 채웠다면 어떨까? 해당 콘텐츠가 필요한 사람은 팔로우하거나 이웃 추가를 하는 등 오지 말라고 해도 알아서 찾아오는 채널이 될 것이다.

콘셉트 하면 떠오르는 것, 차별화

콘셉트 하면 같이 따라오는 단어가 하나 있다. 바로 차별화이다. 만약 당신의 브랜드 콘셉트가 다른 브랜드와 비슷하다면 사람들은 당신의 브랜드를 굳이 찾을 이유가 없다. 그래서 홍보 담당자는 항상 차별화된 콘셉트를 찾기 위해 노력한다. 이는 제품의 콘셉트, SNS 채널의 콘셉트 모두에 해당한다.

예를 들어 여행 관련 SNS 채널 대부분은 여행을 계획하는 사람을 대상으로 여행지의 정보를 사실적으로 제공한다. 하지만 어떤 채널이 '여행은 가고 싶지만, 시간이 없고 여력이 안돼서 못 가는 사람을 위해 여행지에 간 것 같은 경험을 제공하는 것'으로 콘셉트를 잡았다면 어떨까?

여행자 대상으로 여행지를 추천해주는 인스타그램 계정

일반적인 여행 채널과 다른 감성적 요소가 있어서 이 채널을 한 번 방문한 사람은 여기에 매료되고 페이스북 페이지라면 '좋아요'를, 유튜브라면 '구독'을 누를 것이다. 그렇게 해서 커가는 채널이 있다. 바로 30만 명의 페이스북 팔로워가 있는 '여행에 미치다' 라는 페이스북 페이지이다. 여행에 미치다 페이지는 무려 190만 명의 팬을 보유하고 있으며 여행관련하여 각종 다양한 정보 및 영상을 제공하고 있다. 따라서 여행관련 정보를 얻기 위해서는 필수적으로 체크할 필요가 있다. 그렇다면 어떻게 경쟁자와 다른 차별적 우위를 가진 콘셉트를 만들어 소비자에게 인정을 받을 수 있을까? 그 방법에 대해서 살펴보겠다.

❷ 나, 경쟁자, 고객 중 누구부터 파악해야 성공할까

콘셉트 찾는 일의 시작, 나다움

차별화된 콘셉트의 중요성에 대해 인지했다면, 이제 콘셉트를 찾아야 한다. 일반인은 무조건 다르고 튀는 특별한 것을 차별화라고 생각한다. 그러나 여기서 의미하는 차별화는 그런 것이 아니다. 차별화를 위한 차별화가 되어서는 안 된다는 것에 주의해야 한다. 남들과 달라지는 데에만 초점을 맞추다 보면 정체성이 왜곡될 수 있다. 모든 것의 시작은 '자기다움'이다. 브랜드가 가진 특징, 강점, 철학, 브랜드가 만들어진 이유 등을 자세히 파악하는 일에서 시작해야 한다.

차별화된 콘셉트를 찾기 위해서는 먼저 경쟁사에 대해 정확히 파악해야 한다. 예를 들어 고객이 상점에 가서 제품을 사려 한다고 가정해 보자. 몇 가지 제품 중에 어떤 제품을 사야 할지 고민하는데, 이때 가장 흔하게 하는 행위는 제품을 각각 비교해 보는 것이다. 그러고 나서 구매를 결정한다. 그러므로 경쟁사 브랜드의 특징, 강점, 약점을 자세히 파악하여야 한다. 각각의 요소를 우리 브랜드와 비교했을 때 어떤 점이 우리의 경쟁우위가 될 수 있는지 발견할 수 있어야 한다. 그런 다음, 그 강점을 뛰어넘을 방법을 찾는다.

사람에 관한 관심의 시작, 소비자 인사이트 얻기

이제 나를 알고, 적을 알았다면, 가장 중요한 고객에 대해 알아보자. 당신을 선택하는 고객은 누구일까? 누가 당신의 제품을 가장 구매할 가능성이 클까? 그 얘기는 '당신의 브랜드가 어떤 고객에게 도움을 주는 기능이 있고 어떤 고객이 가장 크게 만족할 수 있을까?'라는 질문과 맞바꿀 수 있다.

소비자를 이해하는 일은 한 번의 조사로 이루어질 수는 없다. 사람에게 관심과 애정을 갖고 그들의 삶을 들여다보아야 한다. 그런 일련의 탐색 과정에서 소비자의 관점을 찾아내는 것이 마케팅의 중요한 역할이다. 우리 브랜드의 정체성을 알고 경쟁사를 알고 소비자를 파악했다면 주변 환경 요소에 대한 기본적인 이해를 한 셈이다. 이제 성공을 이끄는 콘셉트를 정의할 준비가 되었다.

❸ 성공으로 이끄는 콘셉트, 어떻게 만들어야 할까

브랜드의 강점 찾기

그렇다면 성공을 이끄는 콘셉트, 경쟁사와 차별적 우위에 있는 브랜드 콘셉트는 어떻게 만들어야 할까? 답을 먼저 이야기하자면 '소비자에게 당신 브랜드의 콘셉트가 경쟁사와 차별적 우위가 있음'을 인정받으면 된다. 지금부터 그 방법에 대해 알아보겠다.

앞서 모든 것의 시작은 나다움, 브랜드다움이라고 하였다. 그렇다면 당신 브랜드의 강점과 약점을 나열해 보자. 경쟁사와 비교했을 때 당신의 브랜드가 가진 약점이 있을 것이다. 많은 브랜드가 약점을 의식하며 약점을 보완하려고 한다. 그런데 보완하는 노력의 수위를 생각해 보라. 약점을 보완하는 데 노력을 기울이기보다 강점을 살리기에 더 많은 노력을 하는 것이 좋다. 약점은 최소 경쟁사의 평균에 해당하는 만큼만 보강해 놓으면 된다.

다양한 종류의 생활용품을 판매하는 무인양품MUJI, 無印良品이라는 브랜드가 있다. 무인양품은 '도장이 없는 질 좋은 물건'이라는 뜻으로, 로고가 없고 심플하며 깨끗한 디자인이 무인양품의 특징이다. 무인양품이 잘한 것은 쓸데없는 것에 주목하기 보다, 꼭 필요한 물건을 만드는데 집중하는 것에 있다. 예를 들어 염색을 하지 않은 천연 소재의 셔츠, 색을 넣지 않은 플라스틱, 도자기 등은 한 치의 화려함도 존재하지 않는 제품 그대로의 디자인을 추구하고 있다. 다른 생활용품 브랜드가 보다 화려한 디자인, 감각적인 컬러로 제품을 디자인할 때, 무인양품은 그들의 브랜드가 추구하는 콘셉트와 관련한 그들의 강점에 집중한 것이다. 이렇듯 우리도 현재 시장에서 기회 요소가 될 콘셉트와 관련된 강점에 집중해야 한다.

브랜드의 타깃 헤아리기

다음으로는 브랜드의 타깃을 살펴보자. 타깃을 선정할 때는 당신의 브랜드가 누구에게 가장 큰 혜택을 줄 수 있는지 생각해 보자. 브랜드 콘셉트의 중심에 사람을 두어 생각한다. 타깃에 관심을 갖고 타깃을 조사하고 이야기해 보자. 마치 사랑하는 사람이 생긴 것처럼 타깃을 면밀하게 생각하며 알아가자.

타깃이 되는 소비자들은 어떤 삶을 살고 있을까? 어떤 것을 좋아할까? 주로 어떤 일을 하면서 시간을 보낼까? 이들이 진정으로 원하는 것은 무엇일까? 주된 문제는 무엇일까? 아픔은 무엇일까? 어떤 부분이 해결이 되면 큰 기쁨을 누릴 수 있을까? 사랑하는 사람에 대해 생각하듯 여러모로 타깃 대상의 삶에 대해 깊이 있게 고민해보고 관찰해야 한다.

그렇게 관찰을 하다보면 남들이 보지 못한 부분을 보게 되고, 타깃의 불편한 점, 숨겨진 니즈들을 찾게 된다. 바로 사람에 대한 관심으로 우리가 해결해 줄 타깃의 니즈를 알아내게 된 것이다.

브랜드의 강점과 타깃의 니즈

브랜드의 강점과 타깃이 진정으로 원하는 것을 파악했다면 이제 브랜드가 가진 강점 중에 타깃의 니즈에 해당하는 요소를 찾아야 한다. 그 강점은 실제적인 특징이어도 되며 인식 상의 차이여도 된다. 이들의 교집합을 파악하는 일이 바로 브랜드 콘셉트를 찾는 일이다.

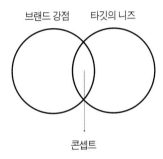

콘셉트 찾기

관점의 전환은 브랜드의 강점과 타깃의 니즈의 교집합을 찾는 좋은 방법이다. 새로운 시각으로 보아서 우리는 남들과의 차이를 발견해낼 수 있다. 작은 차이에서 큰 성공을 끌어 낼 수 있는 콘셉트! 그렇게 우리의 콘셉트를 정의해 보자.

우리 브랜드는 [   ] 이다

여행에 미치다 페이스북 메인 페이지

이렇게 정의할 수 있어야 한다.

앞서 예시를 들었던 여행에 미치다를 살펴보면 이곳의 강점은 페이스북 비공개 그룹 열혈 구성원이 세계 여행지 곳곳의 감성 콘텐츠를 계속 제보한다는 점이다. 게다가 이곳에 올린 내용을 여행 계획이 있는 사람만 보는 것이 아니라 여행을 좋아하지만 지금 시간과 환경이 되지 않아 여행을 갈 수 없는 이들이 보고 싶어 한다는 니즈를 발견했다.

이들은 여행지의 정보보다는 여행지에 갔을 때 느낄 수 있는 감성적인 요소를 충족시켜주는 콘텐츠를 갈망했다. 해당 채널의 강점과 타깃의 숨겨진 니즈의 교차점으로부터 여행에 미치다는 자신의 브랜드 콘셉트를 다음과 같이 정의하였다.

여행에 미치다 = 대한민국 최대 여행커뮤니티 & 콘텐츠 제작소

바로 대한민국의 가장 많은 여행 마니아들을 팬으로 가지고 있는 여

행에 미치다 페이스북 페이지는 기업의 채널이기 보다는, 직접 여행을 즐기며 사랑하는 사람들이 자신의 여행경험을 공유하고, 여행지에서의 본인이 느꼈던 감성을 글, 사진, 영상 등으로 표현하면서 '수많은 여행 콘텐츠를 소개하는 콘텐츠 제작소'라는 콘셉트를 정립하게 된 것이다.

이렇듯 SNS채널에서의 콘셉트 선정은 상당히 중요하다. 만약 지금이라도 본인 혹은 회사의 SNS채널을 만들고자 하는 경우에는 채널부터 미리 만들지 말자. 먼저 생성할 채널에 대한 콘셉트를 미리 정하고 그에 맞는 콘텐츠 기획이 완료된 후에 채널 운영을 시작하는 것을 권장한다.

④ SNS 마케팅을 지속하는 힘은 어디서 나오는가

콘셉트를 반영한 브랜디드 콘텐츠 Branded Contents

차별화한 브랜드 콘셉트를 정립했다면 'SNS 마케팅의 북극성'을 결정한 것과 다름 없다. 이제부터는 콘셉트의 북극성을 보며 SNS 마케팅의 길을 차근차근 가면 된다. 다시 말해 타깃 소비자에게 가장 영향력이 높은 SNS 채널을 먼저 공략하여 콘셉트를 중심으로 한 콘텐츠 발행을 지속해야 한다.

브랜드의 콘셉트를 사람들에게 알리기 위해서 콘셉트를 이해시키는 콘텐츠가 필요하다. 제품 구매를 설득하려고 특장점을 나열하다 보면 광고성이라 치부되기 쉽다. 물론 새로운 제품이 출시되어서 소개하고 싶고 진행하는 판매 촉진 행사로 내용을 채우고 싶을 테지만 그러한 콘텐츠만 발행하면 당신의 SNS 채널을 찾는 방문자가 점점 줄 것이다.

"내가 하고 싶은 이야기 말고 타깃이 듣고 싶은 이야기를 하라."

일반적인 대화에서도 같은 이치가 적용된다. 본인이 하고 싶은 말만 장황하게 이야기하는 사람과 상대방이 궁금하고 도움이 되는 이야기를 하는 사람이 있다면 누구의 말을 더 귀 기울여 들을까? 그래서 브랜드 채널을 운영할 때 콘텐츠의 배분은 7:3의 법칙을 활용하도록 하자. 콘셉트와 관련해서 타깃 소비자가 관심 가질만한 정보성 콘텐츠를 7로 브랜드와 관련된 홍보 콘텐츠를 3으로 배분한다.

다음으로는 콘텐츠 기획에 있어 타깃 소비자를 상상해 보자. 당신의 브랜드에 대해 무엇이 궁금할까? 당신의 브랜드와 관련해서 유익한 정보를 준다면 어떤 콘텐츠가 좋을까? 타깃 소비자를 생각하여 시작한 콘텐츠 아이디어는 무궁무진한 콘텐츠 소재와 영감을 제공한다. 하지만 여기서도 콘텐츠가 재미를 주거나 정보만 제공하고 끝나서는 안 된다. 해당 콘텐츠 안에 브랜드를 자연스럽게 넣어야 한다. 앞서 정의한 브랜드 콘셉트와 연관 짓는다. 그래서 요즘 브랜디드 콘텐츠Branded Contents에 관한 관심이 높다. 브랜디드 콘텐츠에는 콘텐츠가 주로 차지하고 브랜드는 부수로 들어간다. 이 콘텐츠도 브랜드 콘셉트와 충분한 연결 고리가 있어야 한다.

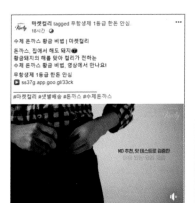

마켓 컬리 페이스북 콘텐츠

마켓 컬리는 '내일의 장보기'라는 브랜드 콘셉트로 식자재 새벽 배송을 하는 브랜드이다. 마켓 컬리의 페이스북 영상 콘텐츠를 살펴보면, 1등급 '한돈' 안심으로 수제 돈가스를 만드는 방법을 소개한다. 안심 돼지고기를 저미고 튀김 옷을 입히는 과정을 소개하면서 영상의 맨 앞에 마켓 컬리의 브랜드를 상징하는 색상인 보라색 앞치마를 입는 장면이 나온다. 수제 돈가스를 만드는 정보성 콘텐츠에 마켓 컬리의 색으로 브랜드 연상을 일으키는 콘텐츠의 예시이다.

마켓 컬리 홈페이지

　친환경페인트 전문브랜드 '홈앤톤즈'의 인스타그램을 살펴보자. 홈앤톤즈의 브랜드 콘셉트는 '올 어바웃 하우징 컬러All About Housing Color (집에

홈앤톤즈 인스타그램 콘텐츠

서 쓰는 색상에 대한 모든 것)'이다. 집에 관한 컬러의 모든 것이라는 의미로 친환경페인트를 집안 곳곳에 적용하며 컬러 인테리어의 가치를 전파하고 있다.

인스타그램 채널에서는 집안에 컬러를 들이는 소재를 콘텐츠로 지속적으로 발행하고 있다. 페인트를 칠하는 장면, 페인트로 집안 가구가 새롭게 변화된 모습, 작은 소품을 페인트로 변신시키는 과정 등 브랜드 콘셉트와 연관지어, 다양한 페인트 인테리어 콘텐츠를 SNS 상에 발행한다. 이렇듯 집을 꾸미는데 관심 있는 잠재 고객층에게 컬러 비주얼과 유용한 정보로 브랜드를 알리고 있다.

콘셉트와 일관된 커뮤니케이션

SNS 마케팅의 시작에 있어 콘셉트가 중요하다. 이런 콘셉트와 연관된 콘텐츠를 SNS 채널에 게시한 뒤 방문자와 교류한다. 방문자는 콘텐츠에 '좋아요'로 호감을 표시하거나 콘텐츠에 대한 질문사항, 의견 등을 댓글 형태로 남긴다. SNS 마케팅은 쌍방향 소통이 특징이다. 콘셉트와 일관된 콘텐츠 발행뿐 아니라 콘텐츠를 두고 사람과의 커뮤니케이션에서 콘셉트와 일관된 느낌으로 소통하느냐가 SNS 마케팅의 또 다른 성공 요인이다.

SNS 마케팅은 얼마나 방문자의 관심을 높였는지, 얼마나 사람을 참여시켰는지에 따라 마케팅의 효과가 크게 차이 난다. 커뮤니케이션 없이 브랜드 혼자서 이야기하는 콘텐츠는 죽은 것이나 다름없다. 사람의 참여를 유도하고 사람의 반응에 성심성의껏 답변하며 관계를 발전시켜 나간다면 SNS 마케팅으로 브랜드에 대한 팬들이 늘어날 것이다.

콘셉트와 일관되게 SNS 마케팅을 지속할 것

SNS 마케팅에서는 실행이 가장 어렵다. 앞서 이야기 한 대로 SNS는 사용료가 들지 않는 대신에 노력을 요한다. 이 책을 다 읽을 때쯤이면 SNS 마케팅에 대해 어느 정도 자신이 붙을 것이다. 하지만 읽고 나서 실행하지 않는다면 아무 의미가 없다.

SNS 운영에서 가장 어려운 것이 바로 지속하는 일이다. 아무리 남들과 차별화된 콘셉트를 정립하고 콘셉트와 관련된 콘텐츠를 기획한다고 해도 단발성에 그친다면 당신의 채널을 방문하는 사람들의 발길도 끊길 수밖에 없다. 마케팅에 있어 머리로 하는 전략에서 그치지 않고 북극성을 보며 무던히 걸어간다면 어느 새인가 당신이 원하는 그 자리에 성큼 가 있을 것이다.

지금까지 SNS 마케팅에서 콘셉트, 콘셉트와 일관된 콘텐츠, 콘셉트와 일관된 커뮤니케이션 지속성에 대해서 알아보았다. 이제 다음 장부터는 각각의 채널을 살펴보고 자신에게 맞는 채널을 정해 SNS 마케팅을 진행해 보기 바란다.

콘셉트와 연관된 콘텐츠를 SNS 채널에 게시한 뒤 방문자와 교류한다. 방문자는 콘텐츠에 '좋아요'로 호감을 표시하거나 콘텐츠에 대한 질문사항, 의견 등을 댓글 형태로 남긴다. SNS 마케팅은 쌍방향 소통이 특징이다. 콘셉트와 일관된 콘텐츠 발행뿐 아니라 콘텐츠를 두고 사람과의 커뮤니케이션에서 콘셉트와 일관된 느낌으로 소통하느냐가 SNS 마케팅의 또 다른 성공 요인이다.

Instagram

 PART_2 ···

여전히 내공 갑 마케팅 툴 네이버 파헤치기

1,989 likes

PART_2 여전히 내공 갑 마케팅 툴 네이버를 파헤쳐보자. more

View all 99 comments

 Add a comment ...

대한민국은 아직 네이버가 강세다

❶ 네이버의 반전, V와 블로그를 잡아라

네이버 강세는 과연 지속될 것인가

대한민국에 가장 특화한 플랫폼은 역시나 네이버이다. 시대의 흐름이 텍스트에서 이미지, 이제는 동영상으로 빠르게 넘어왔고 그로 인해 네이버는 위기의 순간에 놓였다는 점을 부정할 수는 없다. 하지만 네이버는 큰 변화의 시작을 알렸고 달라진 모습으로 우리의 삶 속에 들어올 것이다.

네이버가 꺼낸 카드는 기본으로 돌아가 다시 '블로그'와 'V'이다. 사용자 기반 콘텐츠인 블로그가 자리를 잡으며 성장한 네이버는 기존의 블로그에서 벗어나 '비디오Video'와 '블로그Blog'가 합쳐진 브이로그VLOG로 현재 사람들이 가장 선호하는 영상 콘텐츠를 보완하여 이탈한 사용자의 발길을 다시 한 번 끌어들일 것이다. 올해 16년째 되는 네이버 블로그에서 하루 평균 60만 개의 글이 생산되고 4000만 개의 글이 구독된다. 유튜브를 비롯한 동영상 플랫폼이 강세이긴 하지만 블로그가 가진 이점은 확실하다. 그러니까 '광고가 많다'는 인식이 자리 잡은 지금도 마케팅과 브랜딩을 하는 개인과 기업은 블로그 채널을 놓을 수 없다. 좋은 서비스를 무료로 사용하고 우리나라 사람이 가장 많이 사용하는 포털 사이트에 당신의 콘텐츠를 빠르게 노출시킬 수 있다.

블로그만을 두고 하는 이야기가 아니다. 우리나라에 현존하는 이용자가 가장 많은 플랫폼이 네이버임을 잊어서는 안 된다. 구글이 전 세계에서 가장 압도적인 플랫폼이지만 우리나라에서만큼은 예외이다.

온라인 시장조사기관인 오픈 서베이의 자료에 따르면, 2018년 1월 기준 검색 포털 점유율은 네이버 75.2%, 구글 11.8% 다음 10.2% 네이트 1.8%로 네이버가 점유율이 가

네이버가 검색포털 점유율 1위임을 밝힌 통계자료

장 높다. 이용 이유에도 나와 있듯이 네이버는 우리에게 가장 익숙한 채널이다.

인스타그램이나 유튜브, 페이스북을 안 하는 사람은 있어도 네이버를 안하는 사람은 없다. 여러 종류의 SNS 채널이 네이버를 위협하지만, 네이버는 이미 우리의 실생활에 빼놓을 수 없을 만큼 깊게 스며들어 소셜 네트워크 플랫폼 이상이고 그 자리는 대체 불가할 만큼 견고하다.

상황이 이렇다 보니 네이버를 빼놓고 마케팅을 이야기할 수 없다. 변화의 순간에 내놓은 해답의 키워드가 블로그에서 브이로그의 이동인만큼 네이버도 큰 변화의 시작에 들어섰다. 이렇게 모든 것이 변화하는 시점이야말로 사실상 다시 한 번 블로그를 시작하기에 더할 나위 없이 좋은 때이며 기회이다. 기회가 눈에 보이는 이 순간 블로그 마케팅을 하지 않을 이유가 있을까? 그러니 지금 당장 블로그 마케팅을 시작해야 한다.

② 편리한 익숙함, 즐거운 시도를 추구한다

3000만의 다양성 어떻게 표현할까

'지금 변화하지 않는다면 앞으로의 네이버의 미래를 장담할 수 없다'며 네이버가 변화의 시작을 알렸다. 네이버 모바일을 처음 선보였던 2009년에는 월간 이용자가 35만 명이었지만 현재의 네이버 모바일 월간 이용자는 3000만 명에 이른다. 사용자가 많은 만큼 개편에서도 고려할 요소가 무수히 많다. 이번 개편의 핵심은 '3000만의 다양성'이라고 한다.

쉴 새 없이 사용하는 네이버, 그중에서도 현재의 삶에 더욱 밀접하게 연결된 이동 통신 플랫폼의 변화는 쉽지 않은 선택이며 모험이다. 성공하면 이탈자를 막고 더 많은 사람을 플랫폼으로 다시 한 번 끌어들일 수 있지만 반대라면 기존 사용자마저 이탈할 것이다. 그렇기에 네이버는 '사용자 각양각색의 생각과 관심사를 연결한다'는 네이버 플랫폼의 본질에 집중하여 새로운 기회와 가치를 제공할 수 있도록 변화를 시도했다.

편리한 익숙함과 낯설지만 즐거운 시도는 모바일 메인 화면에서부터 두드러진다. 그동안의 네이버가 그린 윈도Green Window라는 녹색 창으로써 정체성을 나타냈다면 이제는 그린 닷Green Dot으로 정체성을 이야기한다.

그린 닷은 검색 결과를 볼 때도 따라다니면서 사용자에게 끊임없이 상품을 추천하거나 장소를 추천하고 번역 등의 기능을 제공하며 이전의 그린 윈도와 비교하였을 때 단순하지만 더욱 강력하고 견고하다.

버튼을 누르기만 하면 '렌즈·음악·음성·주변·텍스트'를 검색할 수 있는 버튼이 나오고 이 위에 몇 가지의 주제에 대한 '판·메일·카페·블로그·증권·웹툰' 등 네이버 서비스가 반원의 형태로 나열되어 다양한 서비스를 빠르게 이용할 수 있다.

예를 들면 네이버에서 기사를 보다가 그린 닷을 누르면 네이버의 인공지능 콘텐츠 추천기술인 에어스AiRS가 현재 보고 있는 기사와 연관성이 있는 또 다른 뉴스를 추천해준다. 빨간 원피스를 보다가 그린 닷을 누르면 에이아이템즈AiTEMS가 비슷한 다른 상품을 찾아 추천해준다.

이제는 한 번의 터치로 텍스트뿐만이 아니라 '이미지·음성·장소·실시간·검색어·뉴스' 등을 검색하는 환경을 제공한다. 한번 검색을 시작하면 연관되어 검색이 이루어지거나 개인 맞춤 서비스를 줄줄이 내놓는다. 우리의 생활 속으로 다양한 서비스들이 더욱더 깊숙하게 다가온 것이다. 그린 닷은 언제 어디서나 인공 지능 기술 기반 도구를 손쉽게 쓸 수 있는 연결의 시작점이며 핵심이다.

네이버 개편에서 눈길을 끄는 또 다른 변화는 기존의 네이버를 그대로 옮긴 이스트 랜드East Land와 새로운 변화를 적용한 웨스트 랩West Lab이다. 화면을 오른쪽으로 넘기면 나오는 이스트 랜드에서는 '뉴스·검색차트·기존콘텐츠'를 그대로 볼 수 있다. 그리고 화면을 왼쪽으로 넘기면

'웨스트랩' 공간인데 이 공간을 통해 쇼핑 기능이 강화됨을 알 수 있다. 현재의 유행 상품을 보여주는 '트렌드 나우'와 인플루언서의 콘텐츠를 둘러보다가 마음에 드는 상품을 바로 구매할 수 있는 '셀렉티브'로 사용자들에게 새로운 경험을 제공한다.

2018년 10월부터 네이버 모바일 애플리케이션을 외부 검증 중이다. 2019년 1분기 이내에 정식 서비스를 선보이려고 충분히 검증 기간을 갖는다는 의미이며, 이 기간이 끝난 뒤에도 여러 형태로 신중하게 검증을 이어가며 크고 작은 변화를 할 예정이다. 과감한 승부수를 던진 네이버 모바일 서비스의 변화는 편리한 익숙함을 그대로 유지하면서 새로움을 느끼고 경험할 수 있도록 했다. 변화를 받아들이고 적응하기까지는 시간이 소요되겠지만 안정적으로 자리 잡는다면 결국 네이버 플랫폼 서비스의 큰 축인 블로그로의 유입과 사용 빈도가 늘 것으로 예상된다.

네이버의 새로운 모바일 화면 속 그린닷 이미지

③ 지금은 네이버 블로그 마케팅 다시 시작하기 가장 좋은 때

텍스트+이미지+동영상

동영상 플랫폼 유튜브의 독주는 네이버에도 위협적이다. 유튜브를 보며 자라난 세대는 네이버보다 유튜브가 익숙하여 검색 포털 사이트인 네이버를 두고 유튜브에서 검색하는 사람이 점점 늘었다. 짧은 시간 안에 빠르게 동영상을 소비하는 추세가 강해지고 있기 때문이다. 정보를 소비하는 형태는 예측하기 버거울 정도로 변화했다. 이에 따라 네이버는 기존의 블로그 서비스에서 콘텐츠를 더욱더 쉽게 만들고 공유할 수 있는 플랫폼으로 발전시키겠다는 포부를 밝혔다. 그에 맞춰 동영상 중심으로 환경 개선, 편집기능과 검색기능 개선, 네이버 TV와 연동으로 더 많은 콘텐츠 확보, 광고 수익까지 개편을 예고했다.

사용자 기반 콘텐츠인 블로그는 텍스트와 이미지를 중심으로 한 서비스였다. 동영상을 첨부할 수 있기는 하지만 아쉬운 환경이었고 1인 크리에이터와 인플루언서의 영향력이 급증한 요즘 시대에 창작 활동의 수익성도 약했다. 결과적으로 블로그에서 유튜브나 인스타그램으로 사람들이 빠르게 이동했다.

변해야 하는 시기가 확실했고 2018년 6월 15일, 네이버 15주년 행사

였던 '네이버 블로썸데이'에서 대대적인 변화를 공식 발표했다. 네이버 블로그는 웹Web+로그Log의 줄임말로 보통사람이 자신의 관심사에 따라 자유롭게 글을 올릴 수 있는 서비스였다. 네이버가 꺼낸 변화의 카드는

네이버의 동영상 용량, 화질, 재생시간의 개선

동영상 중심의 기능을 대폭 강화한 브이로그이다. 브이로그는 비디오Video+블로그Blog를 합친 말로 글을 쓰듯 영상으로 기록을 남긴다. 이전까지의 정보 소비 형태가 텍스트와 이미지였다면 이제는 텍스트+이미지+동영상으로 넘어왔다.

변화의 방향을 보면 네이버 블로그에서 마케팅의 변화를 예측할 수 있다. 먼저 블로그 환경을 바꾸어 블로거의 편의성을 높였다. 최대 4GB/1시간 업로드/1080P 해상도에서 최대 8GB/7시간 업로드로 개선하였고 4K UHD까지 가능해져 시간, 용량, 화질에 제한 없이 동영상 콘텐츠를 올릴 수 있도록 수정했다.

그뿐만 아니라 블로거가 동영상 콘텐츠를 더욱더 빠르고 편안하게 올릴 수 있도록 했다. 블로그 애플리케이션에서 촬영, 음성 분리, 자막 편집이나 동영상 자체 내에서 손쉽게 정지 이미지를 추출할 수 있는 무비 에디터가 있다. 그리고 이용자가 글을 작성하면 글의 주제나 문맥에 맞게 올린 이미지와 영상을 편집해주는 오토 트랜스포메이션이 있다. SNS 채널에서 작성했던 콘텐츠를 그대로 가져올 수 있고 내 블로그 이웃과 함께 라이브 방송을 하고 소통할 수 있는 서비스까지 만들었다. 블로그에 동영상 플랫폼을 강화하여 여러 가지 기능을 사용할 수 있도록 할 계획이다.

동영상 콘텐츠의 노출도 이전과는 다르다. 글 안에 동영상이 포함되어 있을 때는 동영상 자체로서의 노출이 아닌 블로그에 올린 글의 제목이 동영상 콘텐츠의 제목으로 올라갔지만, 이제는 글 안에 포함된 동영상 콘텐츠 자체의 제목과 태그로 검색과 노출을 할 수 있다. 동영상 키워드 검색 시에도 연관 검색어가 제시된다. '신발 끈 묶는 법'처럼 텍스트나 이미지보다는 동영상 전달이 더 효과적인 콘텐츠는 글이 아니라 동영상이 최상단에 위치한다. 동영상 재생 시 이전에는 연관된 다른 동영상이 제시되지 않았지만, 이제 연관된 다른 동영상 콘텐츠가 자동 재생되도록 개선하여 제작 환경부터 소비까지 변화를 시도했다.

데스크탑 컴퓨터보다 이동 통신 기기에서의 사용이 많은 현대 이용자의 패턴을 고려한 변화도 주목해야 한다. 2018년 12월, 스마트 에디터 원Smart Editor ONE을 발표하면서 글과 이미지를 더 자유롭고 멋스럽게 제작할 수 있는 환경을 제공한다. 전문가가 아니어도 전문가처럼 만들 수 있도록 편의성을 높였다. 동영상 구동 환경을 대폭 개선하여 이동 통신

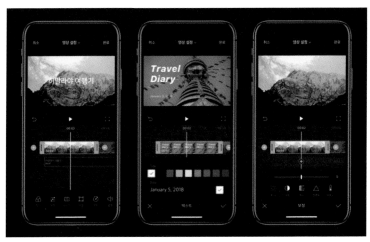

네이버가 블로그 서비스에서 새로 선보이는 동영상 편집 툴

기기에 최적화시켰다. 블로그 자체 영상 편집 도구가 없었지만 새롭게 도입한 동영상 편집기로 기존의 동영상 필터뿐 아니라 자르고 이어붙이고 자막을 넣을 수 있다. 촬영부터 편집해서 올리기까지 블로그 애플리케이션 하나로 조작이 쉽고 빠르다. 현재까지는 이동 통신 기기에서의 동영상 업로드 용량이 3분/300MB로 제한적이었지만, 작년 12월, 최대 5분/1GB로 확대되었고 2019년 연중 10분/3GB로 확대할 예정이다.

이런 서비스가 대폭 늘어난다고 해도 수익성과 연결되지 않는다면 이미 수익성이 있는 채널에서 활동하고 있는 사용자를 블로그로 다시 유입하기 힘들 수 있다. 이에 네이버는 네이버 TV와의 연결을 시도했다. 이제는 내 블로그에 올린 영상을 네이버 TV에도 그대로 쌓아 네이버 TV가 가진 기술과 서비스의 혜택과 광고 수익도 받을 수 있다.

이익을 얻을 수 있는 애드포스트도 절차를 간소화했다. 또한 본문 하단 광고(파워링크)뿐만 아니라 본문 내에 글의 마지막 부분인 태그 영역 바로 위에 노출할 수 있게 했다. 본문 광고를 원하지 않을 경우 애드포스트 설정 페이지에서 ON/OFF를 설정할 수도 있다. 추후 본문 내 광고 위치를 본문 하단/중간/상단 중 1곳을 선택할 수 있는 기능을 추가할 예정이다.

지금의 네이버로 자리 잡을 수 있도록 많은 공을 쌓은 네이버 블로그는 15년 동안 2,300만 명이 이용했고 그동안 쌓인 콘텐츠의 양만해도 16억 개가 넘는다. 네이버의 가장 큰 힘은 결국 이용자에게서 나왔다. 흐름에 맞춰 변화한 네이버의 모습과 변화될 모습을 모두 예측해보면 초심으로 돌아가 블로그에서 답을 찾았다. 사용자의 편의를 최대로 끌어올려 양질의 콘텐츠를 더 많이 생산할 수 있도록 하여 더욱 방대한 콘텐츠를 쌓고 수익을 보장해 이탈한 사용자의 마음을 돌릴 것이다.

몇 가지 소셜 네트워크 채널이 존재하지만 대한민국에 특화된 네이버가 그동안 쌓은 정보의 힘은 무시할 수 없다. 소셜 네트워크 채널에 따라 마케팅의 전략도 달랐지만 네이버가 변화하는 지금이야말로 다시 블로그 마케팅을 시작해야 하는 가장 좋은 시점이다.

여러 종류의 SNS 채널이 네이버를 위협하지만, 네이버는 이미 우리의 실생활에 빼놓을 수 없을 만큼 깊게 스며들어 소셜 네트워크 플랫폼 이상이고 그 자리는 대체 불가할 만큼 견고하다.

네이버를 빼놓고 마케팅을 이야기할 수 없다. 변화의 순간에 내놓은 해답의 키워드가 블로그에서 브이로그의 이동인 만큼 네이버도 큰 변화의 시작에 들어섰다. 이렇게 모든 것이 변화하는 시점이 사실상 다시 한 번 블로그를 시작하기에 더할 나위 없이 좋은 때이며 기회이다.

④ 네이버의 새로운 돌파구, 오디오클립

동영상을 중심으로 한 국내 디지털 콘텐츠 시장의 대부분은 유튜브가 장악했다. 네이버에서는 네이버 TV로 대응하고 있지만 영향력은 미미하다. 유튜버들은 일단 유튜브에 먼저 동영상을 올린 후 반응이 좋으면 네이버 TV에도 올린다. 네이버 TV는 유튜브의 세컨드 플랫폼쯤으로 전락해버린지 오래다. 이런 상황이 네이버는 전혀 달갑지 않다. 기존까지는 네이버라는 플랫폼에 사용자들을 잡아둘 수 있었지만 유튜브의 국내 흥행으로 인해 현재는 많은 사용자들을 유튜브에 넘겨주고 있는 실정이다. 물론 포털이 아닌 스마트스토어와 같은 쇼핑이나 기타 서비스들은 유튜브와는 다른 영역이지만 동영상 콘텐츠는 유튜브가 날로 성장하고 있기 때문에 안심할 수는 없는 노릇이다.

SNS의 세계는 총성 없는 전쟁이며 트렌드가 어떻게 변화할지 알아차리기가 쉽지 않고 한 번에 변하는 습성을 가지고 있다. 페이스북의 경우만 해도 작년부터 시작된 페이스북의 이탈 현상이 가속화되면서 어려움을 겪고 있으며, 급기야 페이스북의 수장인 마크 주커버그가 페이스북을 지금과 같은 오픈 형태가 아니라 개인 메신저 형태의 서비스로 변화하겠다고까지 선언하는 걸보면 올해 페이스북은 많은 어려움을 겪을 게 틀림없다.

　이런 상황에서 네이버도 콘텐츠 시장에서 뭔가 변화하지 않으면 안 된다는 위기의식을 많이 느끼고 있는 것 같다. 그러한 위기의식 속에서 2019년에 네이버가 뽑아든 칼은 바로 '오디오클립'이다. 오디오클립은 기존에도 네이버에서 운영을 하고 있는 서비스이다. 하지만 기존 오디오 서비스는 오디오 녹화가 완료된 상태에서 편집된 방송이나 오디오북 같은 형태의 서비스만 제공했었다. 그랬던 오디오클립 서비스가 2019년부터는 실시간 방송으로 변모하고 있다.

　실시간 오디오클립 서비스는 2019년 2분기를 목표로 현재 준비하고 있는 것으로 알려졌다. 기존 오디오클립 서비스가 팟캐스트와 같은 정적인 형태의 서비스였다면 2분기에는 실시간 라디오 청취와 같은 형태의 서비스가 추가될 예정이다. 콘텐츠 영역에서 유튜브를 뛰어넘기 위해 네이버는 오디오클립 서비스를 위한 여러 가지 사전 준비를 진행하고 있다. 첫 번째로 '오디오 스퀘어' 서비스인데 오디오 콘텐츠를 제작하기 위한 모든 기자재를 지원하며 네이버 아이디가 있는 사용자라면 누구나 무료로 이용할 수 있는 최신 오디오 녹음실 서비스가 될 예정이다. 이를 통해 다양한 오디오 콘텐츠를 생성하고 오디오 콘텐츠의 확산을 지원한

네이버 오디오클립

다는 전략이다.

또한 최근 유명 연예인이 읽어주는 오디오북인 '셀럽 오디오북'의 인기가 아주 뜨겁다. 배우 정해인이 들려주는 '오 헨리 단편선'이나 갓세븐의 진영이 들려주는 '어린왕자'의 경우에는 오디오북 시장에서 뜨거운 반응을 불러일으키며 관심이 집중되고 있다. 출시 1주일 만에 2000부가 판매되었고, 다운로드는 10만 건이나 이루어지는 등 2019년 오디오북 콘텐츠의 트렌드를 주도하고 있다.

네이버는 앞으로 다가올 AI 시대에 오디오 콘텐츠가 시장을 선도할 것이라고 판단하고 투자를 집중해 나가고 있다. 과연 유튜브와의 콘텐츠 시장에서 누가 승리할까? 유튜브가 끌어가는 동영상이 될까 아니면 새롭게 조명되고 있는 네이버의 오디오 콘텐츠 시장일까? 2019년 2분기에 론칭될 네이버의 새로운 오디오클립 서비스를 다 같이 기대해보도록 하자.

⑤ 이날만을 기다렸다! 드디어 네이버 블로그 본문에 광고가 들어간다

네이버 블로그 본문 광고

2019년은 네이버가 소셜 시장에서 보다 잔뜩 힘을 주는 해인 것 같다. 오디오클립 서비스에 이어 2018년 네이버 행사에서 언급했던 블로그 광고 서비스가 드디어 3월 27일부터 선을 보였다. 페이스북, 인스타그램, 유튜브 등의 소셜 서비스에 빼앗긴 많은 유저들을 다시 네이버로 모으기 위해 여러 가지 서비스를 론칭하여 불러들이고 있다. 그중에 가장 관심을 집중시킨 것이 바로 블로그 광고 서비스이다. 기존에는 네이버 블로그에 애드포스트라는 광고 서비스를 제공하고 있었으나 파워링크 형태의 광고였으며 본문 광고는 적용되지 않는 형태였다. 아무리 블로그가 많은 방문자 수를 가지고 있다고 하더라도 그 수익은 미미한 편이었다.

구글의 애드센스 블로그의 경우(애드센스는 현재 다음의 티스토리 블로그, 워드프레스, 구글 블로거에 적용 가능하다.) 블로그에 유입되는 유저가 많으면 많을수록 블로거가 많은 수익을 챙길 수 있는 반면, 기존 네이버 블로그는 많은 유저가 유입이 되고 있어도 블로그 광고자체로 많은 수익을 기대하기는 힘들었다. 그 때문에 네이버 블로그는 광고 수익형 블로그로 운영하기에는 부족했으며 주로 맛집이나 가게를 홍보하는 홍보용 블로그로 변질된 부분이 많았다. 대부분의 블로거가 유입자 수가 많은 네이버 블로그를 통해 수익을 얻고자 했지만 네이버의 애드포스트 서비스로는 광고 수익 자체가 너무나 적은 관계로 부득이하게 다음의 티스토리 블로그나 워드프레스를 선택했다. 하지만 앞으로는 그럴 필요 없이 기존 네이버 블로그를 이용하던 블로거들은 블로그 포스트에 광고를 탑재하여 광고 수익을 벌어들일 수 있게 된 것이다. 벌써 기존에 애드포스트를 사용하고 있던 사용자들이 수익인증 사례가 계속 올라오고 있는 것으로 봤을 때 앞으로 많은 블로거들이 블로그 본문에 광고를 탑재할 듯하다.

단, 이번에 공개하는 네이버 블로그 광고 서비스는 구글 애드센스 블로그처럼 본문 내에 자유롭게 광고를 탑재할 수 있는 것은 아니며 블로그 포스팅 상단, 포스팅 본문 중간, 포스팅 하단 중에서 1곳만 선택하여 광고를 게재할 수 있다. PC는 3월 27일, 모바일은 4월 8일부터 이 기능이 적용된다고 하니 이 책이 출간되는 시점에는 PC 및 모바일 모두에서 본문 광고를 적용할 수 있을 것이라 생각된다. 하반기에는 쇼핑 관련된 광고도 게재할 수 있게 된다고 하니 본문 광고에 대한 기대가 점점 증가할 것이다.

참고로 기존 스마트 에디터 2.0 도구를 사용하고 있는 블로거는 본 서비스를 사용할 수 없으므로 네이버 블로그 광고를 통한 수익을 창출하기 위해서는 반드시 스마트에디터 원으로 전환하여 글을 등록해야 한다. 또한 기존에 애드포스트 서비스를 사용하지 않았던 블로거가 있다면 어느 정도 블로그를 활성화시킨 후 애드포스트 서비스에 가입하고 네이버로부터 승인을 받으면 본문에 광고를 탑재할 수 있을 것이다.

현재 구글 애드센스를 통한 블로그(티스토리, 워드프레스, 블로거 등) 광고 승인이 지속적으로 어려워지고 있다. 혹자는 이를 '애드고시'라고 부르고 있는데 네이버도 이와 마찬가지가 될 것임이 분명하다. 당연히 블로그를 꾸준히 잘 운영하고 유입 유저가 많은 블로그에 광고를 내어줄 것임이 분명하기 때문이다. 만약 네이버 블로그를 통해 광고 수익을 얻고자 한다면 지금부터라도 네이버 블로그에 꾸준한 포스팅을 통해 유입 수를 키워서 애드포스트 등록을 서두르기 바란다. 기회는 언제나 먼저 발굴하는 자에게 있다.

♀ 🛜 ▶ 🌐 👍

네이버에서 성공하는 블로그 마케팅의 핵심

❶ C랭크^C-Rank^와 디. 아이. 에이^D.I.A.^로 살펴보는 네이버의 본질

C랭크와 D.I.A 알고리즘의 이해

이전의 네이버 블로그는 활성화하는(업계 용어로 보통 '키우는'이라고 표현) 공식이 엄연히 존재했다. 네이버에서는 그 부분에 대해서 공식적으로 인정하거나 대답을 내놓은 적은 없지만 일정한 기간과 포스팅의 개수로 소위 말하는 최적화된 블로그를 만들수 있었다. 그로 인해 검색하면 상위에 뜨는 블로그를 파는 행위가 있고 최적화된 블로그를 구매하여 마케팅하기도 했다.

하지만 정보가 있는 블로그보다는 광고하는 블로그가 늘어서 사용자가 정보를 선별해서 봐야 했으며 그 피로감은 날로 더해갔다. 결과적으로 이는 네이버가 지닌 신뢰를 떨어트리고 사용자의 이탈을 초래했다.

앞서 말했던 최적화된 블로그를 만드는 공식은 2016년도 말 이후부터 존재하지 않는다. C랭크와 D.I.A 알고리즘으로써 이제는 키우는 블로그가 아니라 만들어가는 블로그가 되었다. 이전까지 최적화된 블로그는 그저 열심히 글을 쓰면 만들 수 있었다.

우리는 여전히 네이버에서 검색하는 데 익숙하다. 그래서 '광고가 많다'는 인식에도 불구하고 아직 블로그 마케팅은 중요한 온라인 마케팅 수단으로 자리 잡고 있다. 그럼 네이버에 올라오는 글이 다 광고일까? 아니다. 광고도 많지만 실제 사용 경험과 일상을 나누는 사람이 더 많다. 실사용자가 올려주는 세부 정보는 물론이며 16년이라는 시간 동안 정보가 고스란히 쌓여있는 그야말로 각양각색의 정보가 누적된 플랫폼이다. 그렇기에 네이버는 광고성 글을 빠르게 걸러내고 유용한 콘텐츠를 제공하기 위해 여러 가지 방법으로 변화했고 그 중심에는 C랭크와 D.I.A라는 네이버 검색 알고리즘이 있다.

C랭크 알고리즘은 주제별 관심사에 해당 블로거가 얼마나 집중하고 있는지를 평가한다. 생산하는 콘텐츠의 품질, 소비하고 생산하는 콘텐츠를 계산하여 얼마나 신뢰할 수 있는 블로그인지 순위를 매겨서 출처의 영향력에 따라 노출한다. C랭크가 참고하는 데이터는 향후 알고리즘의 개선에 따라 얼마든지 변경될 수 있지만 아래 제공하는 정보로 현재 어떤 방식과 기준으로 정렬하는지 알 수 있다.

블로그 구성 Blog Collection: 블로그 포스팅 문서의 제목과 본문, 이미지와 링크를 구성하는 기본 정보를 참고하여 문서의 기본 품질을 계산한다.

자료 연동 Naver Data Base: 인물과 영화 정보 등 네이버에서 보유한 콘텐츠 데이터베이스를 연동하여 해당 문서의 출처와 신뢰도를 계산한다.

검색 일지 Search Log: 검색을 이용하는 이용자의 검색 데이터로 문서와 출처의 인기도를 계산한다.

연관 지수 Chain Score: 웹 문서/사이트/뉴스 등 다른 출처에서의 관심 정도를 바탕으로 신뢰도와 인기도를 계산한다.

블로그 활동 Blog Activity: 블로그 서비스 활동 지표를 참고하여 얼마나 활발한 활동을 하는 블로그인지를 보고 계산한다.

주제 편집 Blog Editor 주제 점수: 문서의 주제를 분류하고 그 주제에 얼마나 집중하고 있는지 딥 러닝Deep Learning 기술을 이용하여 계산한다.

C랭크에서 참고하는 항목은 언제든지 더 좋은 방향으로 바뀔 수 있다. 검색 결과의 순서를 결정하는 블로그 검색 순위 알고리즘 중에서 출처와 관련된 부분을 계산하는 알고리즘이므로 C랭크 알고리즘으로 모든 것을 설명하기에는 다소 무리가 있다.

그렇지만 결과적으로 C랭크와 D.I.A디아이에이를 이해하면 내가 어떠한 방향으로 블로그를 운영해야 하는지를 알 수 있다. 특정한 콘텐츠가 있고 전문성을 띠고 꾸준히 정보를 제공한다면 네이버에서 가장 좋은 블로그가 된다. 의미 없이 정보 없이 의무감으로 하는 일상 포스트 여러 개보다는 단 하나의 글이라도 유용한 콘텐츠가 있는 블로그를 콘텐츠가 없는 블로그에 비해 이용자가 선호한다는 통계가 있다.

네이버는 정보를 스스로 찾아 학습하는 D.I.A 기술도 적용했다. 문서 처리 경험을 반영하여 검색 엔진이 스스로 콘텐츠를 판별하고 찾는다. 글이 담고 있는 내용을 분석하여 어떤 정보와 경험, 의견을 담고 있는지 문서를 이해하려는 기계 학습이다. 그렇기에 사용자가 검색하면 검색 경로가 발생하여 사용자가 선호하는 문서를 분석하고 학습을 반복하여 시간이 지날수록 D.I.A는 더욱 정확한 정보를 제공하는 시스템으로 진화한다. 이로써 C랭크가 높지 않은 출처의 글도 얼마든지 D.I.A로 검색 결과의 상위에 뜰 수 있다.

네이버에서 가장 인기 있는 콘텐츠를 만들고 싶다면 결국 네이버의 본질에 가장 충실하면 된다. 검색하는 이용자에게 가장 적합한 정보를

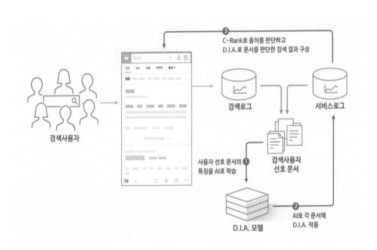

D.I.A. 모델 반영 프로세스

제공하기 위해 광고는 걸러내고 양질의 콘텐츠를 생산하려고 노력한다. 사용자의 여러 패턴을 바탕으로 최상의 검색 결과를 제공하는 알고리즘이다.

의미 없이 정보 없이 의무감으로 하는 일상 포스트 여러 개보다는 단 하나의 글이라도 유용한 콘텐츠가 있는 블로그를 콘텐츠가 없는 블로그에 비해 이용자가 선호한다는 통계가 있음을 기억해야 한다.

❷ 콘텐츠 전쟁에서 이기는 최고의 전략

정보를 전달할 수 있는 콘텐츠가 인기 높은 개인 블로그

네이버 블로그를 운영하기로 마음을 먹었다면 가장 먼저 해야 할 것은 무엇일까? 계정 개설이 아니라 바로 기획Planning이다. 기획이라고 말하면 거창하고 어렵게 여기는 경우가 많지만 쉽게 말해서 '나의 목적을 점검하는 것'이다. 목적이 없다면 블로그의 정체성이 어느 순간 모호해질 가능성이 크다. 운전하기 전에 목적지를 정하고 시동을 거는 것처럼, 내가 어느 목적을 가지고 어떠한 방향으로 블로그를 운영하는가에 대한 기준이 있다면 확실히 콘텐츠를 위한 소재의 발굴이나 내용에 영향을 미친다. 목적은 크게 개인과 기업에 따라 나뉜다.

개인이 일상의 소소한 이야기를 쓰는 블로그가 많지만 개인이 운영하는 블로그 안에서도 정보를 전달할 수 있는 콘텐츠가 네이버에서 인기가 높다. 취미 생활이나 특별한 관심을 두는 분야가 있다면 관련된 정보를 공유하고 소통하는 방식으로 블로그를 만들 수 있다. 특히 취업준비생이나 학생은 SNS 채널이 자신의 포트폴리오가 되기도 한다. 블로그는 타 채널보다 파일 확장자의 제한 없이 정보를 분야별로 담아둘 수 있는 채널로 최적화되었으므로 이를 최대한 활용해 보자.

유진상의 셀프 네일 블로그

특정한 관심사를 꾸준히 올리는 '유진상의 셀프 네일' 블로그는 셀프 네일이라는 콘텐츠로 운영한다. 네일 강좌를 발행하여 관련 정보와 팁을 제공하고 있으며, 셀프 네일에 관한 책을 발간하기도 했다. 정보성 콘텐츠를 제공하는 좋은 예이다.

소규모 사업이나 프리랜서를 할 때 스스로 인지도를 높이려한다면 블로그가 필요하다. SNS에서 다 할 수 없는 이야기를 블로그에서 제약 없이 전달할 수 있기 때문이다. 일상과 일하는 모습을 자연스럽게 보여주고 이로써 고객과의 거리감을 줄일 수 있다. 후기나 브랜드 스토리, 관련 정보를 전달하며 개인의 브랜딩 파워를 높이고 매출로 이어주는 역할을 한다.

고객과의 소통에 있어 접근성이 굉장히 뛰어난 기업 블로그

기관과 기업에서 운영하는 블로그는 일반적으로 개인 블로그보다 키우기가 더욱더 까다롭다. 보는 이가 '재미없다. 마케팅이다.'라는 인식이 강해서 방문 시 거부감을 느끼거나 이웃과 소통을 위해 노력해도 개인 블로그에 비해 효율성이 떨어진다. 하지만 이는 얼마든지 콘텐츠에 따라 극복할 수 있다. 잘 생각해보면 기업 블로그에서 기업과 제품에 대한 소식과 정보를 전달하고자 하는 것이 대부분인데 이것이 가장 큰 실수이다. 여기에 스토리가 들어가고 제품과 기업에 대한 정보뿐 아니라 관련 지식을 전달할 때 개인이 게시하는 글 보다 더욱 신뢰하고 받아들인다. 따라서 '어떻게 운영하느냐'에 따라 기업 블로그도 광고 수단이라는 편견을 벗고 방문자가 다시 오고 싶은 블로그가 될 수 있다.

고객과의 소통에 있어 네이버 블로그는 접근성이 굉장히 뛰어나다. 사용자에게 공식 홈페이지보다 블로그 자체가 친근해서 블로그에서 이벤트나 후기를 안내하고 시행할 때 홈페이지보다 피드백이 빠르다.

네이버 블로그는 이용하기에 익숙하다는 점이 가장 강력한 무기이다. 그래서 기업에서도 블로그 마케팅을 놓치지 않고 운영한다. 가장 활발하게 운영하는 기업형 블로그를 보면 방송·미디어, 출판사, 문화·예술, 해외관광청, 공공기관과 관련된 곳이다. 기관과 기업 단체가 네이버의 공식 블로그를 신청하여 운영할 때 소개 페이지에 공식 엠블럼을 표시하여 여기 올리는 브랜드의 이야기에 신뢰성을 높인다. 네이버에서는 공식 블로그를 묶어 소개하는 영역이 있어 자연스럽게 노출되므로 브랜드 홍보 효과도 기대할 수 있다.

　운영하는 목적은 각각 다르지만, 개인이든 기업이든 기관이든 잊지 말아야 하는 점은 같다. 바로 정보성 콘텐츠가 반드시 있어야 하고 스토리는 진정성을 담아야 한다는 것이다. 내가 쓰고 싶은 글도 좋지만 보는 사람이 원하고 필요로 하는 정보를 제공할 때 블로그를 마케팅 채널로 가장 잘 이용할 수 있다. 오프라인이든 온라인이든 사람이라면 누구나 나에게 도움이 되는 데에 마음을 주고 끌린다. 결국은 온라인도 사람이 오고 가는 곳이다. 내가 원하는 게 있다면 먼저 그들이 원하는 것을 주도록 해보자. 이웃 신청을 하거나 즐겨찾기를 하고 다시 방문하고 싶은 블로그를 만드는 여러 가지 요소 중에 정보 전달을 잊지 말자.

네이버 공식 엠블럼이 표기된 공식블로그 제시 예

❸ 블로그 마케팅은 결국 키워드 싸움이다

성공의 열쇠 말 그대로 핵심 단어, 키워드

키워드에 따라서 노출되는 순위나 결과가 바뀌므로 블로그 운영 시 '키워드'가 가장 중요하다. 방법을 알면 내가 원하는 곳에 빠르게 도달할 수 있지만 알지 못한다면 결국 멀고 먼 길을 돌아가야 한다.

핵심 단어가 제목에 있어야 그 단어가 검색될 가능성이 있다. 아무리 좋은 내용을 담고 있어도 내 글의 제목이 검색되지 않는다면 어떻게 검색 결과로 노출될 것인가. 검색할 때도 내가 검색어를 잘 사용한다면 원하는 결과에 가까이 갈 수 있다.

그렇다면 어떤 단어를 써야 할까? 쓰는 사람의 관점으로만 작성한 핵심 단어는 효과가 거의 없다. 그 단어는 철저하게 읽는 사람의 시각으로 찾아내야 한다. 나아가 사람들이 많이 찾는 단어여야 한다.

블로그는 내가 작성한 글을 전달하기 위한 채널이므로 아무리 좋은 콘텐츠를 작성했어도 글과 무관하거나 전달자만 알 수 있는 용어라면 읽는 사람의 수가 적을 수밖에 없다. 따라서 내가 작성한 콘텐츠를 누구에게 보여줘야 하는가에 따라 키워드를 선택하는 연습을 한다. 되도록 많은 대상과 그 내용이 유용할 대상에게 보일 글이다. 어떤 키워드를 선택해야 할지 고민한다면 '네이버 검색 광고'를 참고하여 전문적인 키워드를 찾아보자.

그렇다면 구체적으로는 어떻게 해야 할까? 네이버에 '네이버 광고'를 검색하면 나오는 사이트에 가입한다. 키워드 검색 시에는 별도의 비용이 들지 않는다. 네이버에서 화면설정을 변경할 때마다 그 위치는 바뀌지만 2019년 4월 현재 기준으로, 로그인 후 메인 페이지 오른쪽 상단부분에 위치한 키워드 도구를 누른다.

키워드 도구로 검색어를 5개까지 동시에 찾을 수 있으며 검색어별로

월간 검색 수를 알 수 있다. 또한 유사성이 높은 단어를 같이 올려서 독자가 예상할 수 없었던 더 좋은 키워드를 발견할 수 있다.

화장품을 판매하고 있다면 '선크림'과 '썬크림' 중 어떤 용어를 선택하여 글을 작성해야 할까? 네이버 검색 광고에 선크림과 썬크림을 검색하면 월간 검색어, 검색 수, 월 평균 클릭 수, 클릭률이 나오고 데스크탑 컴퓨터와 이동 통신 기기에 따른 결과 치를 한눈에 볼 수 있다. 선크림과 썬크림 검색 시 나오는 결과를 보면 차이가 별로 없다. 그렇다면 둘 다 사용해도 괜찮은 키워드이다. 여기서 눈여겨볼 부분은 선크림 옆에 붙은 에스(S) 아이콘이다. 이 아이콘은 특정 시기와 계절에 따라 조회 수와 광고의 효과가 급증하는 키워드라는 뜻이다.

선크림을 가장 많이 사용하는 계절은 흔히 여름이라고 예측하기 쉽다. 그렇다면 실제로 사람들이 가장 많이 구매하는 달은 언제일까? 이것을 알면 정확한 마케팅을 할 수 있다.

해당 키워드를 클릭하면 최근 1년간의 월별 검색 수 추이와 사용자 통계가 나와서 성별과 연령대까지 알 수 있다. 예시로 들은 선크림은 '5월과 6월'에 검색량이 증가한다. 이때가 가장 많이 찾는 시기이다. 이를 마케팅으로 활용한다면 사람들이 가장 많이 찾는 5월과 6월 이전에 판매 촉진 방안을 마련해서 행사를 진행해야 한다. 많이 소비하는 달에 대비하여 이벤트를 만들고 실행해야만 구매자를 선점할 수 있다는 건 당연

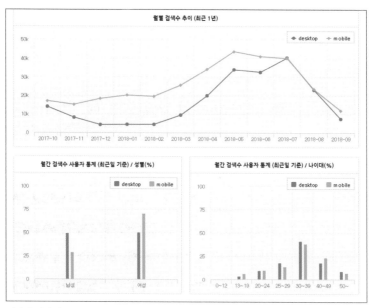

네이버 검색 광고 월별 검색 수 추이, 사용자 통계(성별, 나이 대)

한 논리이다.

통계를 바탕으로 블로그 글쓰기를 효과적으로 하고 마케팅에 활용할 수 있다. 같은 의미의 단어 중에도 이용자가 선호하는 검색어가 있다. '신부 관리'와 '웨딩 관리'는 같은 뜻이지만 검색 결과에서 두 배 이상의 차이를 보인다. 같은 내용의 글을 발행하더라도 어떤 단어로 공략하느냐에 따라서 큰 차이가 나므로 키워드의 선택은 중요하다.

그렇다고 해서 사람들이 많이 찾는 단어가 최고라는 뜻은 아니다. 키워드 조회 수가 낮아도 읽는 사람이 있다는 뜻이므로 검색 수에 집착하지 않아도 된다. 구체적인 키워드일수록 검색 수는 낮지만, 대상으로 삼는 계층의 특성이 뚜렷하다. 목적이 분명할수록 판매로 이어질 확률도 높다. 따라서 어느 한쪽으로 치우치기보다는 타깃과 키워드에 따라 조

네이버 연관키워드 조회

절하는 능력을 키우면 장기적으로 블로그 운영이 익숙해지고 마케팅으로서의 글쓰기는 완벽해진다.

네이버 데이터 랩을 활용하여 키워드를 조회하고 선택하는 방법도 있다. 네이버 통합 검색에서 발생한 검색어 추이, 지역별 관심도, 공공 자료를 볼 수 있는 네이버 데이터 랩 서비스에서 정보를 한눈에 파악할 수 있다. 네이버 검색 광고와 비슷하지만, 분류가 있어 사용하기에 더 쉽다. 특히 쇼핑 인사이트는 패션의류/패션잡화/화장품·미용/디지털·가전/가구·인테리어/출산·육아/식품/스포츠·레저/생활·건강/여행·문화/면세점으로 나뉘어 있다. 더불어 항목을 누르면 세부 분야별 키워드를 확인한 뒤 그에 따른 데이터 통계를 받을 수 있게 구성된다. 10대부터 50대 이상의 연령대까지 선호하는 검색어를 시간별이나 실시간으로 조회할 수 있으니 참고하면 된다.

📍 📶 ▶️ 🌐 👍

네이버에서도 핵심은
결국 콘텐츠

① 고객이 모이게 하는
글쓰기 핵심 요소

블로그 마케팅의 시작과 끝

내가 쓴 글을 반드시 읽어야 하는 대상이 누구이며 그들이 원하는 콘텐츠는 무엇일까? 이를 고려하여 글을 작성하는 것이야말로 블로그 마케팅 글쓰기의 시작이다. 블로그가 가장 주력하는 콘텐츠 또는 블로그로 마케팅하고 싶은 핵심 키워드는 무엇인지를 세분화하면 빠르게 그 대상을 선정할 수 있다.

홍익대학교 근처에서 마카롱을 판매한다고 가정해보자. '홍대 마카롱'이라는 키워드로 검색했을 때 나오는 결과를 보면 남성보다는 여성의 검색이 압도적이며 이 중에서도 20대와 30대 연령대가 많이 검색했다고 알 수 있다.

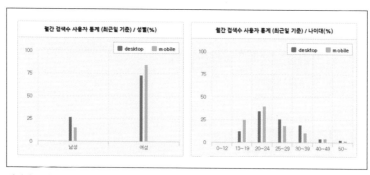

네이버 키워드 검색 - 마카롱

이 결과를 토대로 20~30대의 여성을 주 타깃층으로 정할 수 있고 블로그의 콘텐츠에는 20대와 30대 여성이 관심을 가지는 이야기와 마카롱에 관한 글을 쓰면 된다. 마카롱을 좋아하는 20대와 30대 여자 친구를 둔 남자 친구는 확장된 고객의 예이고 '여자 친구에게 선물하기 좋은 디저트'와 같은 키워드로 범위를 넓혀 콘텐츠를 만들 수도 있다.

키워드가 정해졌다면 이제 이렇게 발굴된 키워드를 가지고 제목과 본문에 사용해야 한다. 키워드를 너무 많이 반복하면 네이버 봇이 어뷰징Abusing, 의도적으로 검색을 통한 클릭수를 늘리기 위해 동일한 제목의 기사를 지속적으로 전송하거나 인기검색어를 올리기 위해 클릭수를 조작하는 것으로 오해할 수도 있으므로 문단에 맞게 적절하게 키워드를 사용하여 포스팅 하도록 하자.

② 블로그 마케팅에서 이기는 방법, 끌리는 제목 만들기

내 글의 핵심, 제목

네이버에 검색 시 뜨는 그 많은 글 중에서 골라 클릭하게 하는 가장 결정적인 요인은 무엇일까? 바로 제목이다. 클릭하여 읽고 싶은 제목을 써야 글 안에 적어둔 나의 콘텐츠도 보여줄 수 있다. 제목은 내 글의 핵심이다. 제목에 어떤 단어를 사용했느냐에 따라 노출의 여부가 달라지므로 제목 선정에 더욱 많은 공을 들여야 한다.

당연히 많은 사람이 검색하는 단어를 사용하여 글을 작성했을 때 내 글이 노출될 확률이 높다. 네이버에 내가 쓰고자 하는 키워드를 검색하면 나오는 연관 검색어와 자동 완성된 키워드를 활용하면 사람들이 많이 찾는 콘텐츠 정보가 무엇인지 빠르게 파악할 수 있다.

'자동 완성'은 이용자가 찾아보려는 내용을 검색어로 최대한 잘 표현하도록 도와주는 역할을 하는 기능이다. 사용자가 의도한 검색어 일부만 입력해도 입력한 문자가 포함된 단어 조합을 추천해 주는데, 이는 다양한 콘텐츠와 정보를 활용하여 자동 완성 단어를 제공하는 서비스라서 그만큼 이용자들이 많이 찾는다.

검색 시 아래에 뜨는 '연관 검색어'는 이용자의 검색 의도를 파악하여 적합한 검색어를 제시하여 편리하게 정보를 찾도록 한다. 예를 들어 '홍대역'이라는 검색어에 '홍대입구역 맛집, 홍대입구역 놀 곳, 홍대입구역 길 찾기, 홍대입구역 9번 출구'처럼 이용자가 찾고자 하는 정보에 가깝게 찾을 수 있도록 안내 역할을 한다. 연관 검색어는 검색어와 콘텐츠를 분석하여 제공되는 결과이다. 이용자가 많이 찾는 검색어나 검색 결과는 이용자의 관심에 따라 변화하며 최신 경향을 반영하기도 한다.

네이버 연관 검색어 - 홍대역

자동 완성과 연관 검색으로 이용자가 원하는 콘텐츠를 빠르게 파악하고 키워드의 조합으로 적절한 제목을 만들 수 있다. 무리하게 많은 키워드를 넣어 길게 작성하기보다는 진정성이 묻어나는 경험담 같은 제목이 좋다.

전달하고자 하는 내용이 많다고 제목도 길게 적는 것은 하지 않는 편이 좋다. 총 글자가 40자가 넘어가면 뒤는 줄임표로 표기되므로 간결하고 강한 제목이 가독성이 높기 때문이다. 사람들은 정보를 구하고 광고를 피하니까 경험이나 정보를 제공하는 문구를 조합하여 작성해 보자. 광고가 아닌 후기라는 인식이 들면 정보를 찾기 위해 읽고 싶어진다.

또한 제목만 보고 어떤 내용을 전달하려고 하는 가를 충분히 예측할 수 있다면 더 좋다. 예를 들면 '다이어트 간식'이라는 키워드로 검색했을 때 '다이어트 보조제 추천, 다이어트 간식 대용'이라는 제목보다는 '편의점 다이어트 간식 삶은 달걀 4종 후기!'라는 제목이 광고가 아닌 후기라는 느낌을 강하게 준다. 숫자를 적절히 활용해도 좋은 제목을 만들 수 있다. '건강에 좋은 브로콜리의 효능' 보다는 '건강에 좋은 브로콜리의 5가지 효능'이라는 제목은 이 글을 클릭하면 정보를 볼 수 있다는 느낌이 들어 더욱 끌린다.

제목을 정할 때 참고할 방법은 무수히 많지만 실제로 막상 하려고 하면 쉬운 일이 아니고 이런 방법이 익숙해지기 전까지는 어렵게 느껴질 수도 있다. 이럴 때는 내가 쓰고자 하는 키워드를 검색해 나온 글을 벤치마킹하는 방법이 있다. 똑같이 쓰라는 이야기가 아니라 다른 사람이 쓴 제목을 보는 눈과 감각을 키우다 보면 점점 내가 원하는 대로 좋은 제목을 충분히 정할 수 있게 될 것이다.

③ 이웃 추가로 이끄는 정보성 콘텐츠 제작 노하우

꾸준함이 생명인 블로그 글쓰기

블로그나 다른 SNS 채널을 운영할 때 가장 중요한 것은 바로 '꾸준한 습관'이다. 처음부터 대단한 콘텐츠를 발행해야 한다는 부담감에 사로잡히면 소재의 발굴에서부터 고민이 늘어나고 미루다가 느슨해져 결국 손을 놓아버린다. 그렇기 때문에 처음에는 가벼운 마음으로 '제품 후기, 방문한 곳의 체험기, 하루의 이야기를 적는 등' 쉽게 시작할 수 있는 글을 적으며 블로그 발행에 습관을 들이길 추천한다. 어느 정도 익숙해진 시점이 온다면 내 블로그에 쌓고자 하는 콘텐츠 발행에 박차를 가할 수 있기 때문이다.

한마디로 네이버 검색에서 상위에 오르고 보는 이가 원하는 것은 정보가 있는 콘텐츠이다. 정보가 있어야 이웃 추가나 즐겨찾기를 하고 다시 오고 싶은 블로그가 될 수 있으며 광고 같지 않은 광고를 할 수 있다.

광고성 글로 연달아 채운 블로그는 금방 창을 닫아버리고 싶지만, 상업적인 내용이 있어도 얻을 수 있는 정보가 무수하다면 이야기는 달라진다. 정보성 콘텐츠를 작성할 때는 일상의 글을 적을 때 보다 더욱 신경써서 작성해 보자. 내가 남들보다 조금 더 많이 아는 부분의 콘텐츠가 있다면 그것을 자연스럽게 이야기하는 것도 좋고 그게 쉽지 않을 때는 시간을 들여 자료를 수집하고 공부하여 상세하게 작성해 보자. 그러다 보면 읽는 이가 원하는 정보를 전달할 수 있는 콘텐츠가 완성될 것이다.

사진 한 장만 올리고 짧게 설명하는 것보다 다각도로 찍은 여러 장의 사진을 올리고 설명도 생각과 느낌을 섞어 상세하게 전달하면 양질의 정보성 콘텐츠가 될 수 있다. 요점 없이 구구절절이 나열한 문장은 지루하지만, 전달하고자 하는 정보에 나의 이야기를 섞고 핵심 단어를 넣은 적당한 양의 글은 있어야 한다.

사람들은 블로그 게시물을 보며 보통 글은 대강 읽고 스크롤을 내려 이미지나 동영상을 먼저 본다. 일차적 시선이 머무르는 것은 확실히 글자가 아닌 이미지나 동영상이다. 하지만 네이버 검색 시 무엇을 넣고 검색하는가. 이미지도 동영상도 아닌 글자이다. 사진과 동영상을 설명해 주는 것도 글자이며 동영상 콘텐츠에서도 많은 사람들이 자막이 있는 콘텐츠를 선호한다. 사실상 어느 하나 중요하지 않은 것은 없다는 이야기를 하고 싶다. 글과 사진 동영상을 적절하게 사용하여 콘텐츠 발행에 열의를 다하다 보면 누구나 다시 오고 싶은 블로그를 만들 수 있다.

네이버는 지속적으로 이용자들이 더 많은 양질의 콘텐츠를 생산할 수 있도록 지속해서 시스템을 보완하고 있으며, 우리가 사는 지금의 시대 또한 장소에 구애받지 않고 휴대폰 하나로 모든 게 가능한 시대이다. 시간이 지날수록 더욱 쉬워질 것이고 직관적으로 시스템은 계속 변화할 것이다. 당장 해야 하지 않을 이유가 없다.

블로그는 어느 누구에게나 평등하다. 아는 게 많다고, 나이가 많다고, 돈이 많다고 잘할 수 있는 채널이 아니다. 오로지 열정과 꾸준한 노력으로 성장하는 채널이다. 블로그 채널이 성장하게 되면 나의 브랜드를 만들어 알릴 수도 있고, 상품을 판매할 수도 있다. 이제는 반드시 PC가 아니더라도 스마트폰으로 누구나 쉽게 할 수 있는 블로그, 하지만 결과까지 똑같지는 않다. 이 책을 통해 전문화된 지식을 가지고, 블로그라는 항해를 떠나길 바란다. 어느 순간 블로그의 매력에 푹 빠져 있을 것이다.

네이버 공식 블로그 - 블로그 기능의 업데이트 소식을 볼 수 있다

블로그나 다른 SNS 채널을 운영할 때 가장 중요한 것은 바로 '꾸준한 습관'이다. 처음부터 대단한 콘텐츠를 발행해야 한다는 부담감에 사로잡히면 소재의 발굴에서부터 고민이 늘어나고 미루다가 느슨해져 결국 손을 놓아버린다. 그렇기 때문에 처음에는 가벼운 마음으로 '제품 후기, 방문한 곳의 체험기, 하루의 이야기를 적는 등' 쉽게 시작할 수 있는 글을 적으며 블로그 발행에 습관을 들이길 추천한다. 어느 정도 익숙해진 시점이 온다면 내 블로그에 쌓고자 하는 콘텐츠 발행에 박차를 가할 수 있기 때문이다.

Instagram

 PART_3 ···

강력한
이미지로
마음을 이끄는
인스타그램
마케팅

1,989 likes

PART_3 강력한 이미지로 마음을 이끄는 인스타그램 마케팅을 알아보자. more

View all 99 comments

 Add a comment ...

인스타그램 마케팅을 해야 하는 4가지 이유

1 대세 인스타그램, SNS를 정복하다

대세 SNS 인스타그램의 이용 증가세

요즘 가장 인기 있는 SNS 채널은 바로 인스타그램이다. 나스미디어에서 발표한 '2018 인터넷 이용자 조사'에 따르면 전년 대비 SNS 이용률이 소폭 감소한 가운데, 이에 반해 인스타그램 이용률은 작년도 36.4%에서 51.3%로 큰 폭으로 성장했다.

인스타그램에서 발표한 수치에 따르면 2019년 현재, 월 이용자 수 10억 명을 돌파한 인스타그램은 여전히 분기당 5%에 가까운 성장세를 보여 그야말로 모든 SNS를 정복할 태세이다. 장사에서 사람들이 많이 모여드는 자리가 중요하듯이 잠재 고객이 많이 이용하는 SNS 채널을 이용해야 하는 것은 당연하다.

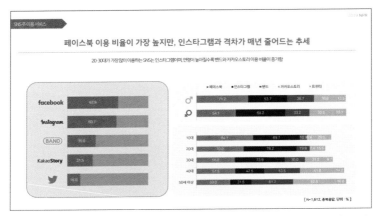

나스미디어 〈2019 인터넷 이용자 조사 NPR〉

　무엇보다 모바일 쇼핑에 익숙한 20~30대 연령층이 다양한 SNS 채널 중 인스타그램을 가장 많이 이용하고 있다는 사실에 주목하자. 이들은 트렌드에 보다 민감하고 정보를 얻을 때 간편하게 이미지로 검색 결과물 찾기를 선호한다. 이러한 성향을 만족시키는 데에 최적화되어 있는 인스타그램은 미이용자의 신규 진입까지도 기대하게 한다.

　현재, 인스타그램 이용자 5명 중의 4명꼴은 인스타그램의 비즈니스 계정을 1개 이상 팔로우하며 이용자 2억 명 이상은 매일 비즈니스 계정 프로필에 방문하고 있다고 한다. 그만큼 팔로워들은 비즈니스 계정에 거부감이 별로 없으며 인스타그램에서 자신이 좋아하는 브랜드의 제품을 쇼핑하고 새로운 제품 정보를 얻는다. 따라서 지나치고 마는 광고 계정이 아니라 정보와 콘텐츠를 담은 비즈니스 계정을 운영한다면 소비자에게 효과적으로 다가갈 수 있는 채널임이 확실하다.

② 고객을 영업사원으로 만드는 비결, 인증 사진

바이럴 마케팅을 가능하게 하는 툴

그렇다면 인스타그램 마케팅이 다른 SNS 채널보다 효과가 높은 이유는 무엇일까? 바로 바이럴 마케팅에 가장 적합하기 때문이다. 바이럴 마케팅, 다시 말해 입소문 마케팅이란 소셜 미디어에서 소비자가 자발적으로 어떤 기업이나 기업의 제품을 홍보할 수 있도록 제작하여 널리 퍼지는 마케팅 기법을 뜻한다.

대표적인 바이럴 마케팅의 방법으로 해시태그 이벤트를 꼽을 수 있다. 예전에는 블로그를 활용한 이용후기 형식의 바이럴 마케팅이 두드러진 반면, 요즘에는 블로그 후기도 결국 광고라는 인식이 늘면서 제품이나 서비스의 실제 사용자들에게 특정 해시태그를 사용한 인스타그램 게시물 업로드를 독려하는 것이다. 맛있는 식사를 하다가도 짧은 시간 내에 업로드가 가능하기 때문에 고객들은 기꺼이 '○○동 맛집' 해시태그를 포함한 게시 글을 올리고 무료로 음료수를 제공받는다. 상세한 정보를 적은 광고가 아니라 간결하게 적은 일상 느낌의 후기라서 잠재 고객들에게 더욱 신뢰감을 준다. 이렇게 게시된 글은 인스타그램의 해시태그를 통해 검색되고 많은 사람들을 내 매장으로 모이게 한다.

또 하나, 인스타그램에서 바이럴 마케팅 효과가 두드러지는 이유에는 해시태그도 빼놓을 수 없지만, 무엇보다 사진을 중심으로 표현하는 피드에 있다. 특히 광고주는 이를 인증 사진 장소로 만들어 고객을 영업 사원으로 만든다. 젊은 세대가 시작했는데 요즘에는 세대 구분 없이 특정 순간을 사진으로 남기려 한다. 좋은 음식, 좋은 풍경, 좋은 무엇은 다 사진으로 남겨 추억으로 간직하고 싶은 소비자의 마음을 광고주가 인증 사진을 남기고 싶을 만한 제품 디자인, 꾸민 장소를 제공하여 마케팅 효과를 누리고 있다.

홍익대학교 근방에 공간 대여와 카페로 운영되는 곳에 거울로 꾸민 포토존이 있다. 이곳을 방문하는 고객의 편의를 위해 마련한 거울이지만 포토존으로 불리는 데에는 특별한 이유가 있다. 거울 테두리에 LED 조명을 더해 셀카에 익숙한 젊은 세대에게 예쁘게 찍히는 곳으로 통하기 때문이다. 고객은 예쁘게 나온 셀카 사진을 올렸을 뿐인데 거울 하단에는 #홍대모임장소, #홍대대관, #소셜팩토리매니아 문구가 함께 적혀있다.

반드시 포토존을 마련할 필요는 없다. 하지만 인스타그램을 활용한 고객이 또 다른 고객을 끌어오는 방법임에는 분명하다.

셀카 포토존을 인스타그램에 올린 모습

❸ 대세를 넘어 필수가 된 인플루언서 마케팅

호감의 아이콘 인플루언서

최근 SNS상의 인플루언서Influencer를 활용한 마케팅에 관한 관심이 뜨겁다. 인플루언서란 '타인에게 영향력을 끼치는 사람'이라는 뜻의 신조어로 기업은 온라인상에서 인플루언서에게 돈을 주고 자사 제품의 홍보를 의뢰한다. 인플루언서가 실제 사용하고 올린 후기 같은 광고는 일반 광고보다 거부감이 적고 소비자의 구매 욕구를 자극하므로 이러한 형태의 마케팅이 효과를 보았다. 인플루언서는 종종 연예인보다도 큰 영향력을 발휘한다. 오히려 인기를 크게 끌지 못하는 연예인이 인플루언서가 되기 위해 끊임없이 콘텐츠를 올리기도 한다. 반대로 주목을 받는 인플루언서는 연예계로 진출하기도 한다. 그만큼 인플루언서는 대중에게 '좋아요'를 받는 호감의 아이콘이 되었다.

인플루언서가 가장 활발하게 활동하는 미용 산업에서는 인플루언서가 자체적으로 개인사업자등록을 한 후 판매를 하기도 한다. 최근에는 국내 굴지의 화장품 회사에서 자체 브랜드를 홍보하기 위한 뷰티 크리에이터를 직접 양성하고 활동을 지원하는 프로그램이 생겨 화제를 모았다. 이들은 인플루언서가 되기 위한 기초 자질을 배우고 역량을 키우는

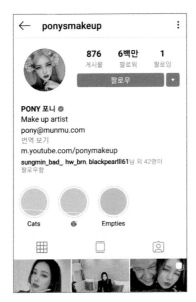

유명 인플루언서들의 인스타그램

데에 집중한다고 밝힌 바 있다.

무엇보다 인플루언서 마케팅이 인플루언서의 인기에 힘입어 이들을 조직적으로 관리하고 광고주와 연결해주는 소속사와 플랫폼이 신종 산업으로 떠올랐다. 실제 국내에 존재하는 인플루언서 플랫폼만 13개 이상에 달하고 이들이 보유한 인플루언서는 약 50만 명 이상이라고 한다. 인플루언서 마케팅의 시장은 전 세계적으로 활성화되고 있어 앞으로의 국내 산업 성장을 기대할 수 있다.

그렇다면 인플루언서가 되는 데 필요한 자질은 무엇일까? 해당 분야와 관련된 지식과 정보를 많이 알아야 한다. 그래야 팔로워가 광고라고 판단하기 이전에 실제 경험에 의한 추천이라고 받아들이기 쉽다. 때때로 예쁜 사람, 잘생긴 사람, 몸매가 좋은 사람만이 인플루언서가 될 수 있다고 말하기도 하지만 그것만이 전부는 아니다. 해당 분야의 해박한 지식과 정보를 토대로 팔로워와 직접 소통해야만 '좋아요'를 받을 수 있다.

최근 공정거래위원회에서 인플루언서 마케팅을 철저히 감독한다고 밝힘에 따라 이들의 도덕적 양심도 필수 덕목이다. 공정거래위원회가 지목하는 처벌의 대상은 광고주이긴 하지만, 인플루언서도 대가를 받고 홍보성 제품 사용 후기를 남기는 만큼 이를 밝히지 않고 팔로워를 기만하면 광고 채널로 낙인찍힐 수 있다.

④ 동영상 콘텐츠는 이제, 아이지티브이 [IGTV]

대세 동영상 콘텐츠 파헤치기

최근 SNS상에서의 동영상 콘텐츠에 대한 인기는 높다. 동영상 콘텐츠 공유사이트인 유튜브를 필두로 하여 인스타그램이나 국내 포털 사이트인 네이버에서도 동영상 콘텐츠에 대한 영향력을 키운다. 그중에서도 인스타그램은 기존에 사진 위주의 SNS 채널에서 별도의 애플리케이션인 IGTV를 출시하여 유튜브에 대적할만하다는 평가를 받았다. 일단 IGTV는 기존의 인스타그램 월 사용자 10억 명을 고객으로 유입할 수 있는 유리한 위치에 있는 것이 사실이다.

IGTV는 기존의 인스타그램 동영상 게시물이 1분의 영상 길이 제한이 있었던 것에 반해, 최대 1시간 길이 분량의 동영상 콘텐츠까지 제작할 수 있다. 인스타그램의 동영상 게시물이 짧고 가벼운 내용이 주였다면, IGTV가 있으면 콘텐츠를 기획하고 고정 시청자를 확보할 수 있는 동영상을 만들 수 있다. 이는 제작사의 새로운 무대가 될 수 있다.

IGTV는 세로형 동영상 시청이 가능하다. 기존의 유튜브 동영상이 탁상용 컴퓨터에 최적화된 가로형으로 보던 것에 비해 스마트폰으로 동영상을 즐기는 사람이 늘면서 새로운 형태의 콘텐츠를 선보였다. 세로형 동영상에서는 화면의 여백 없이 전체화면으로 동영상을 즐길 수 있고 한 손으로 휴대폰을 들고 보는 것이 가능해진다.

IGTV에서는 사용자가 접속하여 검색한 뒤 시청하는 불편함 대신 인스타그램과 같은 방식으로 팔로우하고 있는 계정의 콘텐츠를 자동으로 보여준다. 다른 콘텐츠를 검색하는 동안에도 기존에 시청 중인 동영상은 재생하여 볼 수 있다. 이러한 다양한 기능이 있어 젊은 세대에게 인기이다.

세로형의 IGTV

인스타그램 기능 200% 활용법

① 인스타그램에서도 브랜딩이 먼저다

퍼스널브랜딩이 가능한 인스타그램

1인 창업 시대가 도래한 뒤 떠오른 단어가 바로 '퍼스널 브랜딩'이다. 그만큼 사업에서 개인의 이름을 알리는 중요성을 인식하고 있으며 그 방법을 찾기 위해 노력한다. SNS 채널에서 사업을 홍보하는 1인 기업가라면 이를 어떻게 브랜딩할 것인지 고민해야 한다. 인스타그램에서도 퍼스널 브랜딩이 잘 되어 있는 사람이 주목을 받고 그의 삶이 궁금한 팔로워가 생긴다.

브랜드 인지도를 높이려면 인스타그램에서는 사진과 글로 표현이 가능하므로 자신이 하는 일에 대한 사진과 이에 관한 생각을 풀어내는 것이 가장 좋다. 외식업에 종사하는 사업가가 인스타그램으로 홍보하는 계정의 활동이 활발하므로 예를 들어 살펴보자.

카페를 운영하는 사업가 계정에는 대개 어떤 게시물이 올라왔는지 잠시 떠올려보면 내부 장식 사진과 글을 적는 란에는 차림표가 적힌 게 전부였다. 단순히 가게를 홍보하기 위해 어떻게 하면 음식 사진을 더 예쁘게 찍을지 고민한 흔적만 보일 뿐 안타깝게도 브랜딩에 힘쓴 고민이 보이지 않는다.

홍보 계정이 판을 치는 가운데 필자들이 눈여겨보는 계정이 있다. 한눈에도 맛있게 보이는 쿠키와 빵이 먼저 눈을 사로잡는다. 이곳의 빵과 쿠키의 사진이 상위에 올라올 수 있었던 이유를 피드를 살펴보며 알았

퍼스널브랜딩을 위한 인스타그램 예시

다. 먼저 프로필을 보면 #카페 #브런치 #플라워 등의 해시태그로 카페 분위기를 짐작할 수 있고 '디저트는 언제나 개발 중'이라는 문장에서 주인장의 열정이 느껴진다. 몇몇 게시 글을 살펴보았을 때도 마찬가지였다. 매일 다른 디저트를 선보이는 이 카페에서는 '맛있게 드시라고 디저트는 소량 제작하며 소진 시 도넛 튀겨놓겠습니다.'라고 하거나 신 메뉴 개발 중에 '크림이 어울릴지 연유 아이싱이 어울릴지 해보고 판매할게요.'라고 적는 등 일하는 과정에서 장인정신과 고객에 대한 배려가 느껴진다.

이 계정은 하고많은 카페 홍보 계정 중에서 첫 번째로 떠올리게 된다. 그만큼 필자뿐만 아니라 팔로워가 기억하고 방문하고 싶은 욕구를 자극한다. 즉, 인스타그램 피드에서 자기 일에 대한 사랑과 열정을 고스란히 녹여내었기에 퍼스널 브랜딩이 가능했다. 이처럼 1인 기업가라면, 자신의 일에 임하는 자세나 철학 등을 피드에 담아 잠재 고객에게 자신을 각인시키는 브랜딩 작업이 선행되어야 인스타그램 마케팅에서 성공할 수 있다.

❷ 비즈니스 계정 제대로 활용하는 법

비즈니스 계정을 200% 활용할 것

인스타그램을 활용한 마케팅이 소비자의 관심을 끌며 개인뿐만 아니라 소상공인부터 대기업에 이르기까지 인스타그램으로 고객을 만난다. 인스타그램의 비즈니스 계정에서는 마케팅에 활용 가능한 도구를 제공하

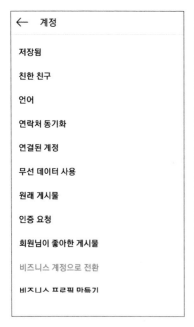

므로 개인 계정 대신 비즈니스 계정을 이용하는 사례가 많다. 비즈니스 계정으로의 전환도 어렵지 않아 프로필 설정에서 변경하기를 선택하면 자동으로 페이스북 페이지를 생성하며 순차적 단계에 따라 개인 계정에서 비즈니스 계정으로 전환할 수 있다.

비즈니스 계정에서 제공되는 인사이트 정보는 게시물에 대한 잠재 고객의 유입과 반응을 확인할 수 있어 마케팅 활용도가 높다. 내 프로필에 방문한 계정의 수를 확인할 수 있어 마케팅 성과를 알 수 있다. 또한 각 게시물에 대해 노출 횟수와 도달 횟수(노출되어 실제 조회한 고유 계정의 수)를 측정하여 프로필 영역에 링크한 웹사이트로의 유입 수까지도 확인이 가능하다. 인사이트에서는 내 계정에 유입되는 사용자의 지역, 성별, 연령대 등의 정보도 파악할 수 있어 세부 마케팅 계획을 짜는 데에 깊이 있는 자료를 제공하며 현재의 마케팅에 대한 타깃팅 적절성도 따져볼 수 있다.

비즈니스 계정과 개인 계정에서 가장 눈에 띄는 점은 홈 화면에 나타난다. 개인 계정과 달리 프로필 하단 부분에 '전화하기, 이메일, SMS, 찾아가는 길' 등의 정보가 있다. 이것은 고객이 해당 사업에 연락할 때 편의를 돕는다. 최근에는 미국에서 '예약하기'와 '예매하기' 기능을 선보여 비즈니스 계정을 더욱 활성화할 것임을 시사했다. 이제 인스타그램으로 마케팅이 세일즈까지 연결되는 시대이다.

❸ 쇼핑 태그를 활용한 매출 업 전략

세일즈까지 활용 가능한 기능 '쇼핑 태그-샵'

2018년 5월 말, 인스타그램은 기존의 마케팅 채널로서의 비즈니스 계정에 세일즈까지 활용 가능한 기능을 추가로 넣었다. 바로 '쇼핑 태그-샵'이다. 쇼핑 태그를 이용하면 게시물에 쇼핑백 아이콘이 생성되며 아이콘을 누르면 해당 상품명과 가격 정보가 나온다. 바로 구매가 가능하도록 '웹사이트에서 보기'를 선택하면 쇼핑 페이지로 연결된다. 비즈니스 계정을 운영하는 사용자는 인사이트 보기로 각 게시물에 대한 제품 조회 수와 구매 링크 유입 수 등을 확인할 수 있다. 이로써 인기 제품에 대한 전략적 마케팅 방안을 수립하는 것이 가능하고 수시로 마케팅 활용 팁을 얻을 수 있다.

쇼핑 태그-샵 기능이 처음 소개되었을 때 기능적 오류도 많고 소비자도 익숙지 않아서 쇼핑몰로의 진입만 늘리고 실제 매출을 올리는 효과는 미미하여 아쉽다는 평가도 있었다. 그러나 시간이 지날수록 인스타그램에서 물건을 사는 일이 자연스럽다. 특히, 인스타그램이 사진을 중심으로 보는 채널이라서 사진으로 소비자의 마음을 사로잡는 업종에서 활발하다. 패션업과 미용 산업 등을 포함해서 이미지로 표현이 가능한 모든 업종에 쇼핑 태그를 이용한 마케팅을 추천한다. 그밖에도 쇼핑 태그-샵은 마케팅과 세일즈를 동시에 해결한다는 의미에서 여러 업종에서 활용할 수 있다.

그런데 쇼핑 태그-샵 기능을 이용하기 위해서는 페이스북의 계정이 필요하다. 먼저 페이스북의 비즈니스 채널인 페이지에 인스타그램 계정을 등록하여 연동한다. 일단 이 작업을 완료했다면 페이지 내 샵 메뉴에서 고객이 메시지를 보내 제품에 대한 문의 및 구입하게 할지 다른 웹사이트에서 구매하도록 안내할지 선택한다. 그런 다음 샵에서 제품 추가를 진행하여 판매 상품을 등록할 수 있다. 이후 연동하여 인스타그램에 제품을 등록하기 위해서는 인스타그램의 승인작업이 필수인데 대부분은 최소 하루에서 일주일 정도 소요된다. 승인처리 메시지가 뜨고 나면 인스타그램 게시물을 올릴 때 제품 태그를 달아서 페이스북 페이지의 샵에 등록한 가격 정보를 보이거나 링크 페이지로 이동할 수 있다.

샵에 오신 것을 환영합니다!
샵이 비어 있습니다. 사람들이 둘러보고 구매할 수
있도록 제품을 추가하세요. 자세한 정보를 알고 싶
다면 **샵 활용 방법에 대한 팁을 확인해보세요.**

제품 추가

제품 추가   ✕

| 사진 추가 | 동영상 추가 | ⓘ Facebook에 보기 좋게 표시되는 제품 이미지를 만들려면 권장 사진 가이드라인에서 팁을 확인해보세요. |

이름

가격

₩0

◯ 이 제품은 할인 중입니다 ⓘ

설명

◯ 내 페이지에 이 제품 공유 ⓘ

재고   **옵션** ⓘ

◗ 재고 있음 ⓘ   옵션 수정

공개

공개 ▾

취소 **저장**

페이스북 샵 제품 등록 화면

④ 타깃을 공략하여 알짜 매출을 노리는 스폰서 광고

인스타그램에서는 스토리 형식의 광고 집행도 가능

얼마나 많은 사람에게 나의 제품과 브랜드를 알리느냐 하는 성과와 연관이 있으므로 인스타그램 마케팅의 핵심은 팔로워라고 해도 과언은 아니다. 개인 계정에서는 팔로워를 확보해야만 나의 콘텐츠를 팔로워에게 알릴 수 있기 때문이다. 반면에 비즈니스 계정에서는 비용을 지급하고 성별, 지역, 연령대, 관심사 정보를 참고한 타깃 중 불특정 다수에게도 게시물을 노출할 수 있다.

홈 영역에서 계정의 이름 하단에 'Sponsored스폰서드'라고 표시되는 피드 형식의 게시물 광고를 하려면 업로드한 피드에서 노출하고 싶은 게시물을 선택하여 랜딩페이지, 타깃, 예산과 기간을 설정하면 팔로워가 아니어도 잠재 고객에게 브랜드와 제품을 홍보할 수 있다. 랜딩페이지의 웹사이트를 선택하면 '더 알아보기', '구매하기', '문의하기', '예약하기' 등의 행동유도 버튼을 설정할 수 있다.

인스타그램에서는 스토리 형식의 광고 집행도 가능하다. 내 스토리를 올리고 나면 '더 보기' 부분에서 '홍보하기'를 선택하여 피드 형식과 동일하게 광고 설정을 할 수 있다. 스토리의 스폰서드 광고는 유저에 따

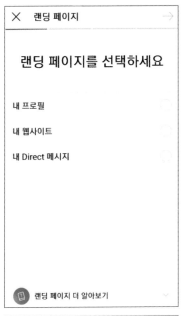

예산 및 기간

6일간 총 지출은 ₩30,000입니다

2,600~6,900
추산 도달수

예산
일일 ₩5,000

기간
6일

예산, 기간 및 배포에 대한 추가 정보

스폰서드 광고 설정 페이지 제시 예

라 스토리 영역에서 랜덤 순으로 최대 3개의 광고를 볼 수 있다.

스폰서드 광고는 URL링크가 제한적인 인스타그램에서 랜딩페이지를 통해 직접적으로 인스타그램의 프로필 혹은 브랜드의 홈페이지로 유입시킬 수 있는 장점을 지닌다. 또한 비즈니스 계정에서만 사용 가능한 기능으로 브랜드 인지도가 낮은 업체에서 소비자의 관심을 끌 만한 콘텐츠에 집중할 수 있다면 더욱 효과적이다.

⑤ 생동감 있는 마케팅은 스토리를 가진다

단 하루만 보이는 게시물, 인스타그램 스토리

인스타그램의 스토리는 24시간 동안만 보이는 게시물로 홈 화면에서 팔로위가 확인할 수 있다. 스토리를 올리고 나면 프로필 사진의 테두리 부분이 다채롭게 표현되어 팔로워에게 노출 효과를 높인다. 또한 팔로워의 스토리가 올라오면 홈 화면 상단에 보이므로 계정의 유입을 늘린다. 인스타그램의 스토리는 무엇보다 특별한 별도 애플리케이션의 사용 없이도 재미있는 콘텐츠를 만들 수 있어서 사용자에게 더욱 인기가 많다.

스토리 기능은 미국 내에서 인스타그램과 경쟁사인 스냅 챗의 기능을 모방한 것이나 2016년 10월, 스토리 기능을 도입한 이래 인기가 꾸준히 상승하여 현재는 전 세계 사용자 4억 명 이상이 인스타그램 스토리 기능을 이용한다. 각각의 스토리 기능에는 스티커와 각종 태그를 달 수 있어서 정보를 제공하거나 소비자의 참여를 끌어내기가 쉽다. 설문 또는 질문받기 기능을 이용해 소비자의 반응을 살펴보거나 의견을 구할 수 있어서 마케팅하는 데에도 도움이 된다. 여기에서 몇 가지 기능을 살펴보겠다.

텍스트 기능 상태에서는 글씨가 들어간 여러 종류의 이미지 제작이

스토리 텍스트 기능 활용 제시 예

가능하다. 모던, 네온, 강조, 타자기 등의 스타일과 색상 선택도 가능하다. 사진 위주로 표현되는 인스타그램 플랫폼에서 글로 예쁜 이미지를 제작하여 시선을 끌 수 있는 기능이다.

라이브 기능에서는 실시간으로 활동 중인 팔로워와 댓글로 소통하며 생방송을 할 수 있다. 실시간으로 쌍방향 커뮤니케이션이 가능한 기능으로 잠재 고객과 소통을 해서 브랜드 인지도를 향상한다. 일방적으로 전달하는 피드 형식이 아니라 상호 간의 의사소통으로 더욱 친근하게 고객에게 다가갈 수 있는 기능이다.

그 외에도 간편하게 움직이는 사진 제작이 가능한 부메랑 기능과 역방향 재생이 가능한 재밌는 동영상 촬영 기능도 있다. '슈퍼 줌'에도 여러 기능이 있어 특별한 장비 없이도 각종 연출이 가능하다.

쇼핑 인 스토리 기능을 도입하며 즉각적인 콘텐츠로 매출 증대를 기대할 수 있다. 실제 비즈니스 계정에서 고객을 확보하는 데에 많이 활용하는 기능이다. 다른 게시물이 계속 피드에 노출이 되지만 24시간만 보인다는 특성을 이용하여 해외에서는 이벤트 마케팅을 진행하는 데에 활용하기도 했다.

1인 창업 시대가 도래한 뒤 떠오른 단어가 바로 '퍼스널 브랜딩'이다. 그만큼 사업에서 개인의 이름을 알리는 중요성을 인식하고 있으며 그 방법을 찾기 위해 노력한다. SNS 채널에서 사업을 홍보하는 1인 기업가라면 이를 어떻게 브랜딩할 것인지 고민해야 한다. 인스타그램에서도 퍼스널 브랜딩이 잘 되어 있는 사람이 주목을 받고 그의 삶이 궁금한 팔로워가 생긴다.

📍 🛜 ▶️ 🌐 👍

'좋아요'를 부르는
인스타그램 피드 작성하기

💬 ① 인스타그램의 시작이자 끝, 해시태그

해시태그 인기 순위 확인하세요

많은 예비 고객이 우리 가게로 해시태그를 보고 찾아 오기 때문에 인스타그램 마케팅의 핵심이 해시태그이다. 해시태그는 마케팅에서 고객을 만나는 문과 같다. 그래서 인스타그램 마케팅을 효율적으로 하기 위해서는 해시태그를 정확히 알고 사용해야 한다. 인스타그램은 물론이고 SNS 마케팅에서 팔로워의 개념은 잠재 고객에게 나의 비즈니스를 소개할 수 있는 가장 큰 자산이다. 이 자산을 키우기 위한 해시태그는 무엇을 쓰는 것이 좋을까? 많은 사람이 사용하고 소통하길 희망하는 해시태그를 확인해 보자.

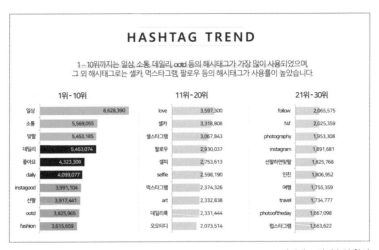

해시태그 인기순위 확인

관심 사항이나 활동을 온라인 기반에서 같은 관심사를 가진 사람과 관계를 형성하고 공유한다는 특징이 SNS의 기본이다. 건돌이닷컴에서 제공한 '2018 하반기 인스타그램 트렌드' 보고서에 따르면 사용빈도가 높은 해시태그는 '일상', '소통', '맞팔' 등을 포함한다. 서로의 일상을 공유하며 소통하기를 바라는 뜻을 담은 '데일리', '선팔', '좋아요' 등도 10위권 안에 있다. 그밖에도 사진이 중심이 되는 SNS답게 패션, 음식, 여행 등과 관련된 해시태그도 눈에 띈다. 해시태그를 사용해서 본인 계정으로의 유입을 늘리고 결과적으로 팔로워를 많이 확보할 수 있다.

해시태그로 낚지 마세요

종종 해시태그와 관련이 없는 이미지를 본다. 특히, 광고성 게시물이나 성인 게시물을 유명 인사나 연예인 해시태그로 유입시킨다면 거부감이 든다. 다른 광고물에 관련 없는 해시태그를 적용해도 그러하다. 해시태그를 검색했을 때 원하는 정보 혹은 관련 이미지가 아닌 경우 '좋아요'를 눌러 줄 리 없다. 광고라면 오히려 부정적 효과를 일으킨다.

인스타그램은 사진을 중심으로 하는 SNS라서 뷰티업, 외식업, 패션업에서 그 활용 및 효과가 두드러진다. 이들 업종과 관련된 해시태그를 사용하기 위해서는 해시태그의 추세를 잘 살펴야 한다. 최근 인기가 있는 해시태그를 업종별로 소개한다.

🛜 뷰티업

#뷰스타그램 #뷰티그램 #뷰티스타그램 #뷰티템 #뷰티쟁이 #여자템 #인스타뷰티 #여자스타그램 #애정템

🛜 패션업

#패션스타그램 #패션 #패피 #패션그램 #ootd #옷스타그램 #인스타패션 #패피남 #패피녀 #데일리룩 #데일리핏

🛜 외식업

#각 지하철 맛집(ex. 강남역맛집, 홍대맛집 등) #인기맛집 #분위기맛집 #맛있다그램 #푸드스타그램 #먹방 #맛집 #맛스타그램 #혼밥 #혼술 #맛스타그램 #먹스타 #먹스타그램 #밥스타그램 #맛집추천 #맛집탐방 #맛집투어 #맛집인정 #간식스타그램 #

야식그램 #카페스타그램 #먹부림 #핫플레이스 #핫플

또한 SNS의 기본 덕목인 소통을 하고자 하는 해시태그도 소개한다.
이는 팔로워를 증가시키는 데에 도움이 된다.

🛜 팔로우

#맞팔 #선팔 #선팔하면맞팔 #맞팔환영 #맞팔댓글 #맞팔선팔 #맞팔고 #맞팔반사
#맞팔해 #맞팔좋아요 #맞팔그램 #팔로우 #팔로워 #팔로잉 #follow #follow4follow
#followforfollow #fff #followme #follow4like #인친

🛜 일상, 소통

#일상 #소통 #소통스타그램 #일상스타그램 #소통해요 #일상여유 #데일리 #토요
일 #일요일 #주말 #인스타데일리 #instadaily #셀카 #셀피 #셀스타그램 #셀기꾼 #
셀스타 #셀카쟁이 #셀카그램 #selfie

이것 이외에 해시태그를 선정하는 데에 있어서 어려움이 있다면 시중
에 나와 있는 애플리케이션을 사용해보기를 추천한다. 관련 애플리케
이션을 이용하면 흐름에 맞는 인기 해시태그를 받을 수 있고 분야별로
해시태그를 추천하여 이미지와 관련된 해시태그를 손쉽게 찾을 수 있
다. 이러한 해시태그를 사용하는 것만으로 팔로워를 확보할 수 있어 홍
보가 된다. 무엇보다 해시태그는 관련 분야에 관심 있는 사람을 분류해

주므로 타깃팅의 효과도 누릴 수 있다.

브랜딩을 위한 해시태그

해시태그가 기본적으로 분류와 검색의 기능을 하지만 최근에는 해시태
그를 재치 있게 사용하는 인스타그램도 돋보인다. 해시태그 마케팅이
라는 말이 생겨날 정도로 인스타그램에서의 해시태그는 전파력이 있어
기업의 마케팅에 활발하게 이용된다.

　뉴욕의 한 호텔에서는 일정 기간 로비 벽면에 레고를 설치하여 방문
객이 직접 레고로 벽을 꾸미게 했다. 자신이 만들어 놓은 레고 작품을

브랜딩을 위한 해시 태그의 활용 사례 예시

사진으로 찍어 #MyLegoMasterpiece 해시태그와 함께 게시하면 자동으로 경진대회에 응모된다. 이렇게 호텔은 해시태그를 이용한 바이럴 마케팅에 성공했다. 이처럼 고객이 참여하고 싶은 콘텐츠와 공유하고 싶은 해시태그를 선정하면 마케팅 효과를 얻을 수 있다.

자신의 브랜딩을 위한 해시태그를 선정하는 것도 좋은 방법이다. 자기 일을 설명하면서도 고객에게 기억되고 싶은 단어로 특색 있고 개성 있는 해시태그를 선정하여 꾸준히 사용하여 잠재 고객에게 나를 알린다. 해시태그의 특성상 공유가 쉬워 더욱더 많은 사람에게 브랜딩 이미지로 기억된다. 이 책의 필자들이 #SNS국가대표팀 해시태그를 이용하는 이유도 여기에 있다.

② 마음을 울리는 글쓰기
고객의 지갑을 열게 하는 글쓰기

한 눈에 알아보는 마케팅 글쓰기

'한국말, 끝까지 들어봐야 안다.'라는 말은 인스타그램에서 통하지 않는다. 고객들은 피드형 정보 사이에서 광고를 눈여겨보지 않는다. 그보다는 광고를 걸러내기 위해 눈을 빠르게 돌리는지도 모르겠다. 고객의 마음을 사로잡기 위해서는 처음부터 시선을 잡을 수 있어야 한다. 구구절절한 설명보다 고객의 시선이 멈출 한 줄이 필요하다.

미용 업종에서 특정 계절에는 공격적인 마케팅을 하느라 각종 이벤트를 마련한다. 1+1행사나 파격 세일 등의 판촉 행사가 대표적이다. 홍보 글을 작성할 때 첫 시작은 어떻게 운을 띄우는 것이 좋을까? 우리가 대개의 편지나 대화에서처럼 '한여름이 다가오는 소리에 피서 준비하고 계시나요?'와 같은 일상 안부를 묻는 것이 좋을까?

광고 글을 세세하게 찾아가며 읽을 사람은 별로 많지 않으니 이렇게 쓰기 시작했다가는 고객들은 다른 계정의 피드로 넘어갈 것이다. 고객은 자신의 시간을 소중히 하며 광고를 보는 데에 시간을 뺏기기 싫어한다. '매년 완판되는 상품, SPF50 선크림 1+1 파격 행사'라고 첫 줄에 적었을 때는 어떠할까?

선크림을 사기 위해 고민을 해왔던 팔로워는 이벤트 소식에 눈을 크게 뜨고 본문을 살핀다. 관심을 가진 고객에게 이 글은 광고가 아닌 정보가 된다. SNS에서의 마케팅은 결론부터 드러내어 잠재 고객이 한눈에 요긴한 정보라고 여기게 글을 써야 한다. 그래야 해당 제품을 살 의향이 있어도 글을 읽지 않고 지나가는 고객을 잡을 수 있다.

고객의 평가가 실망스러워도 소통으로 응답할 것

인스타그램을 이용한 마케팅이 활발한 가운데 정작 SNS의 기본 특성인 소통에는 등한시하는 마케팅은 큰 성과를 거두지 못한다. 이것은 온라인 쇼핑의 발달로 평가 문화가 정착된 우리나라에서 특히나 더 필요한 덕목이다. 기본적으로 소통을 하면 모르는 사람도 SNS에서 팔로워라는 연결고리 하나만으로 친근감을 획득하는데, 이것이 마케팅을 하는 기업이나 브랜드라면 고객에게 쉽게 다가갈 수 있다.

최근 인스타그램을 활용한 마케팅이 주목받으면서 해시태그 이벤트를 하는 업체가 늘었다. 필자들도 종종 인스타그램 계정에 맛집을 방문한 후기를 사진과 함께 올리고 음료수를 무료로 받은 적이 있다. 그중 업체 한 곳에서 올린 게시글에 댓글을 달았다. '가족들과 저희 매장에서 즐겁게 지내셨다니 기쁘군요. 다음에 또 한 번 들러주세요.' 짧은 댓글에도 마케팅 효과를 위한 이벤트를 한다는 생각보다 고객과의 소통을 중시한다는 생각과 더불어 그 브랜드에 호감이 간다.

사소한 댓글이 아니더라도 기업이나 광고주가 운영하는 계정에는 여기를 방문하거나 체험한 이가 평가를 남기기도 한다. 소비자가 제품이나 브랜드 선택 시 댓글을 읽고 종종 구매를 하므로 이에 대한 관리도 해야 한다. 혹시 안 좋은 평가를 한 댓글이 있더라도 이를 내버려 두고 다른 고객이 보게 하고 '죄송합니다. 서비스 과정에서 실수가 있었나 봅니다. 다음번 방문 시에는 더욱 만족할 수 있도록 노력하겠습니다.'라는 뜻의 답글이 달려있으면 제3의 고객이 전혀 다른 인상을 받는다.

이것이 인스타그램 마케팅을 할 때 소통을 기본으로 글쓰기를 해야 하는 까닭이다. 고객이 인스타그램에서 스스로 영업사원이 되어 자신의 제품과 브랜드를 홍보하는 것도 중요하지만 그보다 고객에게 먼저 다가가는 노력을 글쓰기로 한다면 그 효과는 배가 될 것이다.

이태원맛집 검색시 볼 수 있는 카드 뉴스 예시

카드 뉴스 제작은 이렇게

인스타그램 마케팅 중 하나로 카드 뉴스를 들 수 있다. 이미지가 우선시 되는 인스타그램에서 작은 프레임 속에 고객의 관심을 끌 만한 카드 뉴스를 제작하는 것은 긴 글을 쓰는 것보다 효과적이다. 다만, 카드 뉴스는 배경이 되는 이미지와 내용을 담아내는 글이므로 고객의 시선을 붙잡을 수 있는 글을 어떻게 작성할지에 대한 방법을 아는 것이 중요하다. 다음은 카드 뉴스 제작의 핵심이다.

첫째, 숫자를 활용하라.

'여자 친구 생일선물 추천 5가지', '이태원 맛집추천 베스트Best 7' 등과 같이 숫자를 활용하면 일목요연하게 정리된 느낌을 준다. 빠르게 정보를 습득하고 싶은 고객에게 숫자의 마법은 간편하게 넘겨 볼 수 있겠다는 기대감을 준다.

둘째, 질문을 던져라.

'오늘 아침 강아지의 행동은 무엇을 의미할까?, 프리랜서 계약서 꼭 작성해야 할까?' 등 사람들이 관심을 가질만한 주제로 물음을 던진다.

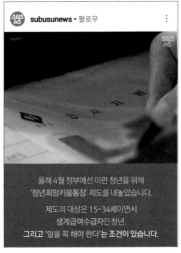

자극적인 제목으로 호기심을 유발하는 카드 뉴스 예시

평소 궁금해 왔던 질문을 카드 뉴스 표지로 만나는 순간 이에 대한 해답을 기대하며 사람들은 뒷장을 넘겨본다.

셋째, 자극적인 제목으로 호기심을 유발하라.

'이 여주인공이 집을 나온 이유'. 자극적인 제목에 저절로 넘겨본 카드 뉴스인데 이는 '청년 희망 키움 통장' 제도를 홍보하는 글이었다. 때론 사용자의 호기심을 자극하자. 다만, 거부감이 생기는 정도의 제목은 피하고 내용과 관련 있는 제목을 지어야 한다.

③ 아무도 알려주지 않는 팔로워를 확보하는 비결

팔로워 숫자, 재빠르게 늘리는 법

인스타그램에서 K(케이)는 1000(천)을 뜻한다. 최근에는 한국 계정에 우리말 천으로 적었지만, K는 인스타그램 마케팅을 하는 사람이라면 대부분 안다. 또한 그만큼 중요하다. 실제로 인스타그램 본사 자체 내에서도 팔로워의 숫자에 의미를 부여하고 그 수에 따라 콘텐츠의 사용에 일부 제한적인 특권을 부여하기도 한다. 예를 들면 IGTV의 동영상 게시물의 길이 제한이 다르다.

마케팅에도 나의 게시물을 많은 잠재 고객이 봐주기 바라는 마음은 같다. 팔로워를 많이 확보할수록 게시물이 많은 사람에게 도달할 확률이 올라간다. 이벤트나 판촉 행사 등을 진행하면 팔로워를 빠르게 확보할 수 있다. 기업의 행사나 홍보는 대기업에서나 진행한다고 생각하지만, 인스타그램에서는 소규모 창업 혹은 1인 기업까지도 누구나 간단하게 이벤트를 열 수 있다.

해시태그 이벤트, 리 포스트, 댓글 참여 이벤트, 직접적인 팔로우 이벤트까지 어렵지 않게 예비 고객의 적극적인 참여를 끌어낼 수 있다. 이벤트에 참여한 잠재 고객은 그 브랜드에 더 관심을 두고 그 계정에 더

다양한 인스타그램 이벤트 제시 예

욱 자주 방문할 것이다. 이벤트로 잠재 고객에게 긍정적인 이미지를 심어주고 자연스럽게 브랜드를 노출해 팔로워를 늘릴 수 있다. 이렇게 확보한 팔로워에게 번번이 브랜드를 노출함으로써 마케팅 효과를 극대화한다.

역시 중요한 건 #해시태그

팔로워를 많이 확보하려면 해시태그를 적절히 사용한다. 인스타그램에서 해시태그는 고객이 내 계정에 들어오는 문과 같은 역할을 한다. 해시태그로 검색했을 때 나의 게시물에 그 해시태그가 존재할 때 노출이 되는 까닭이다. 즉, 해시태그를 어떻게 쓰는지에 따라 고객의 유입량이 달라질 수 있다. 필자들은 '선팔하면 맞팔' 해시태그를 사용했을 때 팔로우하는 사람의 수가 확연히 증가하는 것을 느꼈다. 해시태그 안에 '먼저 팔로우해주면 맞팔하겠다.'라는 약속이 담겨 있다. 물론 맞팔을 유지할 수 있는 데에는 기본적으로 SNS에서 한 약속인 지속적인 소통을 전제로 한다.

팔로워를 확보하는 가장 핵심은 소통과 공감에 있다. 누군가의 계정에 들어가 사진 혹은 동영상을 보았다면 '좋아요'를 눌러주는 미덕이 필요하다. 그리고 습관처럼 내용을 보지도 않고 '좋아요'를 누르는 것보다는 내용을 읽고 떠오르는 자기 생각이나 감정을 몇 자의 댓글로 남긴다면 조금 더 깊이 있는 관계의 끈을 맺을 수 있다.

인스타그램 마케팅에 입문한 사람들에게 컨설팅했을 때 이들로부터 '남들이 해야 한다고 하니 시작했는데 점점 팔로워의 숫자가 늘어나고 누군가 나의 게시물에 공감을 해주는 데 흥미를 느꼈다.'라는 이야기를 들었다. 누군가의 공감과 반응에 기분이 좋아졌다면 잠재 고객의 마음을 사로잡기 위해서 '좋아요'를 누르고 댓글을 다는 것이 당연한 일 아닌가.

인스타그램을 위한
콘텐츠 기획이란 이런 것

❶ 여전히 당신이 잊어서는 안 될 핵심 키워드, 콘셉트

브랜드 상징 색을 적절히 활용한 제주항공

인스타그램은 사진이 메인 채널이므로 그만큼 영상과 이미지를 어떻게 올리느냐에 따라 마케팅의 성과를 좌우한다. 이미 많은 기업도 제품 홍보를 위한 사진 하나하나에 정성을 기울여 찍는다. 하지만 사진학적으로 무조건 예쁘게 찍은 사진에 고객이 반응하는 것은 아니다. 그보다는 브랜드의 특색을 담아 일정한 콘셉트를 유지하여 구성한 인스타그램의 피드가 좋은 반응을 얻을 수 있다.

여행사에서 운영하는 대부분의 인스타그램은 해외의 유명 유적지나 멋진 풍경 혹은 비행기에서 바라보는 하늘의 사진 등을 게시한다. 한눈에 봐도 여행사인 것을 알지만 안타까운 것은 어느 여행사인지 기억되는 곳은 적다. 간간이 비행기 사진에 쓰여 있는 기업의 로고만으로 추측할 뿐이다. 그중 눈에 띄는 콘셉트로 소비자들에게 확실히 브랜드를 인식시키는 사례가 있다. '제주항공'의 인스타그램을 보면 브랜드의 상징색인 주황색이 모든 이미지에 포함되어 눈길을 사로잡는다. 카드 뉴스의 글씨를 주황색으로 하고 여행에서 물

제주항공 인스타그램 내용 일부

놀이를 즐기는 사진에도 주황색 튜브를, 해외에서 즐길 수 있는 먹거리 사진에도 주황빛의 음식 사진으로 피드를 구성한다. 기존 오프라인과 방송 매체에서 주황색을 브랜드 색채로 활용해 왔으니 인스타그램에서 보이는 특징이 고객에게 깊은 인상을 남긴다.

제품 디스플레이에 특별히 고심한 다이소

또 다른 사례로 다이소의 인스타그램을 들여다보자. 다이소 하면 저렴하고 없는 물건이 없다는 이미지가 떠오른다. 이러한 이미지를 인스타그램의 피드에서는 어떻게 표현할까? 다이소의 공식 계정을 방문하면 아기자기함이 묻어나는 사진에 시선을 빼앗긴다.

물놀이용품 하나도 제품이 가진 모양의 특색을 살려 실제 바다의 풍경

이 떠오른다. 가정의 달을 겨냥한 선물용 머그잔 제품에는 가족 캐릭터를 함께 배치하여 사랑스러움을 더했다. 상품마다 각각의 전문점보다 비교적 저렴한 가격에 살 수 있는 곳이지만 인스타그램에서 보이는 이미지는 고급스럽게 표현하고 있어 더욱 소비자로부터 인기를 얻을 수 있다.

아기자기한 제품 사진이 인상적인 다이소 인스타그램 내용 일부

사진으로 브랜드의 이미지를 획득하는 인스타그램에서 단순히 예쁜 사진을 담기 위한 고민보다는 브랜드의 특징을 담아낼 수 있는 이미지 콘텐츠를 제작해야 한다. 그것이 오프라인에서 얻은 기존의 이미지와 다르다면 인스타그램에서는 고객에게 기업의 이미지나 브랜드에 대한 인식을 다르게 줄 수 있다.

② 결국 돈이 되는 비결, 소비자 참여 끌어내기

고객의 참여를 자연스럽게 이끌어내는 이벤트 광고

일방적인 광고 계정이 아니라 소비자와 쌍방향으로 소통할 때 인스타그램 마케팅은 성공한다. 콘텐츠를 기획할 때도 일방적으로 제품을 홍보하기보다는 고객이 직접 참여할 수 있는 콘텐츠를 만든다면 브랜드의 인지도를 높이는 데에 도움이 된다.

외식 산업의 치킨 브랜드가 많아지는 가운데 치킨 전문점의 마케팅

60계 치킨 인스타그램 이벤트 내용 일부

경쟁도 심하다. 그 가운데 '60계 치킨'에서는 매주 고객의 참여를 끌어내는 퀴즈로 브랜드 인지도를 높인다. 관련 퀴즈의 내용도 판매하고 있는 메뉴이거나 브랜드의 장점을 알릴 수 있는 내용으로 꾸며서 고객들에게 좋은 인상을 심어준다.

인스타그램 채널의 특성을 살려 제작된 '쁘띠첼'의 '쁘띠게임'도 많은 고객들이 참여했다. 쁘띠첼의 제품에 대한 내용을 게임의 무대로 설정하고 인스타그램에서의 '사람 태그' 기능을 활용한 게임이라 신선하게 다가왔다. 기존에 많이 했던 댓글 참여 형식의 게임이 아닌 오직 인스타그램에서만 가능해서 더욱 화제가 되었다.

인스타그램이 SNS 채널이라는 특성을 살려 고객이 직접 참여하는 콘

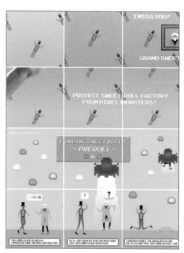
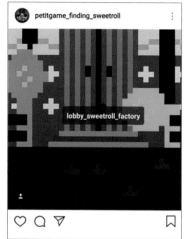

'쁘띠첼'의 '쁘띠게임' 인스타그램 내용 일부

텐츠를 만든다면 고객은 브랜드를 좀 더 흥미롭게 여길 것이고 이것은 브랜드 제품에 대한 인식으로도 연결된다. 들은 것보다는 눈으로 직접 본 것을 더 잘 기억하고, 눈으로 직접 본 것보다는 직접 행한 것이 오래 도록 기억에 남으므로 고객들의 참여를 끌어내는 것만큼 고객에게 확실하게 브랜드를 알리는 일도 없다.

③ 소통을 끌어내는
인스타그램 라이브 활용하는 법

고객의 직접 참여를 유도하는 라이브 채널

인스타그램의 기능 가운데 동영상 콘텐츠의 인기가 많아지면서 동시에 라이브 기능도 활발하다. 라이브 채널에서 고객이 직접 대화에 참여하여 기업과 소통할 수 있다. 기업 또는 광고주의 콘텐츠 송출에 즉시 응답이 가능하여 생방송의 재미를 느낄 수 있고 고객은 브랜드의 상품 개발이나 마케팅 과정에 참여한다는 의의가 있어 브랜드 선호도를 높여 준다.

건강과 미용 용품 전문 드러그 스토어인 '올리브영'에서는 가을 유행

올리브영 IGTV 라이브 방송 안내 이미지

을 제안하는 방송 '득템 라이브'를 인스타그램 채널에서 진행했다. 올리브영 상품기획자가 직접 출연하여 상품을 소개하고 미용의 동향을 짚어준다는 취지에서 진행된 이 라이브 방송은 실시간 이벤트도 진행하여 고객으로부

터 반응이 좋았다.

제이와이북스의 유아전문 영어 교육 브랜드인 '노래 부르는 영어 동화'(이하 '노부영') 또한 인스타그램에서 매주 라이브 방송을 진행한다. 전문교사가 영어동화를 재밌게 읽어주기도 하고 함께 노래를 부르면서 영어를 가르쳐준다. 라이브 방송답게 학부모의 궁금증을 바로 풀어주기도 하고 생일인 친구들에게 축하인사를 전하면서 소통하기도 한다. 노부영의 교재

노부영 라이브 방송 제시 예

구매를 강요하는 것이 아니라 이미 교재를 구입한 고객은 물론이고 라이브 방송에 참여하는 잠재 고객도 영어를 즐겁게 익힐 수 있다. 자연스럽게 브랜드에 관심을 갖게 되고 교재 구매 욕구도 생기게 된다.

라이브 기능은 고객과의 벽을 허무는 가장 빠른 방법이다. 위의 사례와 같이 브랜드에 직접 참여를 유도하면 광고라는 거부감 없이 브랜드를 긍정적으로 받아들인다. 굳이 제품을 판매하는 담당자가 아니어도 하나의 브랜딩을 위해 고객과의 접점을 찾아간다는 점에서 충분히 의미는 활동이라 할 수 있다.

Instagram

 PART_4 ···

네트워킹의 진수를 보여주는 페이스북 마케팅

1,989 likes

PART_4 네트워킹의 진수를 보여주는 페이스북 마케팅을 알아보자. more

View all 99 comments

Add a comment ...

페이스북 마케팅, 왜 해야 하는가

① 페이스북과 인스타그램의 그 긴밀한 관계

페이스북과 인스타그램, 이제는 하나

대학교 2학년생이었던 마크 저커버그Mark Zuckerberg는 교내에서 장난삼아 2003년 10월 28일, 페이스 매시Face Mash라는 이름으로 서비스를 시작했다. 그 뒤 2004년 2월 4일, 더 페이스북TheFaceBook을 thefacebook.com으로 본격 시작한 후 2005년 지금의 facebook.com 도메인을 200,000달러에 구매한 뒤 이름에서 The를 빼서 페이스북을 탄생시켰다.

페이스북은 인스타그램을 2012년에 인수했다. 인스타그램이 페이스북에 인수된 이후로 페이스북의 기능과 알고리즘을 인스타그램에 추가했다. 인스타그램도 페이스북과 다르게 독자적인 기능이 있지만, 페이스북의 영향을 많이 받는다. 특히 페이스북의 알고리즘을 적용하여 친구 관계도에 따라서 게시물이 뜬다. 또한 페이스북에서 샵 기능을 켜 두지 않으면 인스타그램에서 상품 태그 기능을 쓸 수 없으니 페이스북과 반드시 연동해야 한다. 인스타그램의 개인 계정을 비즈니스 계정으로 전환하고자 할 때도 페이스북과 연결하는 등 페이스북과 인스타그램의 관계는 점점 더 긴밀해졌다.

앞으로의 인스타그램 마케팅에서는 페이스북을 제대로 알지 못하면 다양한 마케팅 기능을 활용할 수 없을 것이다. 만약 이 글을 읽는 당신이 페이스북 채널 하나만 하고 있다거나 인스타그램 채널 하나만 하고 있다면 반드시 페이스북과 인스타그램은 동시에 운영하기 바란다. 페이스북과 인스타그램을 별로도 운영하는 채널로 생각해서는 안 된다.

폭넓게 사용하는 SNS 채널 페이스북

페이스북은 여러 연령대가 다양하게 사용하고 있는 SNS다. 장문을 쓸 수 있고 사진, 동영상, 문서를 공유하고 링크, 그룹, 페이지 등을 쉽게 사용할 수 있다. 그 때문에 국내에서도 데스크탑 컴퓨터에서 이동 통신 기기로 SNS의 플랫폼이 넘어오면서 다수가 가입했다. 생활의 일부이며 희로애락을 함께하는 세계 최강의 SNS이다. 2018년 2분기 발표한 자료에 의하면, 페이스북을 전 세계 25억 명이 사용하고 있으며 매출액은 132억 달러로 전년 대비 41% 증가, 영업이익은 73억 달러로 전년 대비 49% 증가했다. 명실공히 전 세계 1위의 SNS 채널이다.

페이스북은 국내 온라인 마케팅에서 한 축이다. 많은 사람이 사용하므로 마케팅 방법도 여러 가지가 국내에 소개되었다. 페이스북은 개인의 브랜딩이나 회사의 브랜드 마케팅에 효과가 있으며 특히 페이지, 그룹 등을 운영해서 비즈니스 전문 계정으로 확장할 수도 있다. 최근에는 지역에 산재한 문화센터에서 어르신들도 스마트폰, 페이스북 교육을 받는다. 여기저기서 많은 사람이 페이스북을 접하고 계정을 개설한다.

하지만 여전히 페이스북 계정을 생성하고 관리하는 데는 어려움을 겪는다. 게다가 어떻게 운영해야 브랜딩이나 비즈니스에 활용할지 감을 잡지 못한다. 대부분은 기껏해야 개인 계정을 생성하고 그 이후에는 방치하고 있으며 어떻게 활용할지도 잘 모른다. 페이지는 고사하고 개인 계정만이라도 잘 활용할 수 있는 방법이 있을 텐데 타인의 게시물이나 예쁜 사진을 걸어 두는 것이 고작이다. 농어촌이나 지역 소상공인이 올리는 게시물의 내용을 보면 2~3시간 정도 습득한 내용만으로 게시물을 작성해서 콘텐츠의 품질이나 마케팅 활용에서도 부족한 부분이 있다. 이를 해결하기 위해서는 페이스북의 화면 구성과 계정에 대한 명확한 이해를 먼저 해야 한다.

❷ 폭넓게 사용하는 SNS 채널 페이스북

지속되는 페이스북의 사용자 엑소더스

2018년 하반기에는 개인 정보 유출 등으로 악재가 겹쳤고 미국이나 유럽 등지에서는 페이스북 이탈 현상도 늘었다. 밀물처럼 밀려왔다가 썰물처럼 빠져나가는 게 SNS 플랫폼이므로 페이스북도 이제 한계에 달했다고 말하는 사람도 많다.

최근 미국의 투자은행 파이퍼 제프레이에서 발간한 10대 인사이트 보고서에 의하면, 2년전까지만 해도 응답자의 60%가 페이스북을 사용한다고 설문했지만 2018년 가을을 기점으로 24%가 줄어든 35%에 그쳤다. 이는 미국뿐만이 아니라 유럽이나 전 세계의 사용자가 동시에 줄어들고 있으며 페이스북으로 봐서는 좋지 않은 현상임에 틀림없다.

이는 국내에서도 특별히 사정이 다르지 않다. 각종 조사기관들이 내놓은 자료에 의하면 국내 페이스북 사용자 층도 점점 줄어들고 있는 실정이다. 특히 20~30대 층의 페이스북 이탈율이 높은데 이런 이탈층이 자회사의 인스타그램으로 넘어가고 있기 때문에 나쁘지는 않지만 페이스북 자체 사용율이 줄어드는 것은 페이스북으로서는 우려할만한 사항임에는 틀림없다.

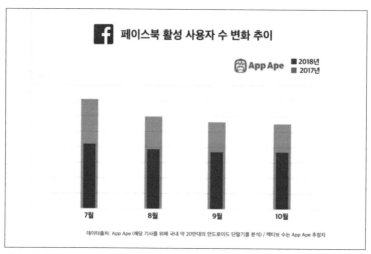

페이스북의 활성 사용자수 변화 (출처 : IT동아)

디지털 마케팅 에이전시 스마트포스팅이 조사한 결과에 따르면 2018년 10월의 페이스북 사용자수는 2017년 대비 33%가 줄어든 740만 명으로 집계되었다. 지속적으로 페이스북의 활성 사용자 수는 감소하고 있는 추세이다.

이러한 현상에도 불구하고 페이스북은 국내에서 여전히 많은 사용자를 보유하고 있으며 영향력을 무시할 수 없다. 특히 페이스북의 정교한 광고 플랫폼은 마케터들 사이에서 필수 광고 플랫폼으로 활용되고 있다. 이를 통해 다양한 마케팅 활동 및 기업 홍보를 진행할 수 있기 때문에 아직까지는 페이스북에 대해 섣부르게 판단을 내릴 수는 없다.

2019년은 페이스북에 있어서 중요한 한 해임에는 틀림없다. 빠르게 변하는 SNS트렌드 속에서 페이스북이 떠나가는 사용자를 어떻게 다시 되돌릴 수 있을지에 대한 새로운 변화와 고민이 필요한 시간이 될 것이다.

앞으로의 인스타그램 마케팅에서는 페이스북을 제대로 알지 못하면 다양한 마케팅 기능을 활용할 수 없을 것이다. 만약 이 글을 읽는 당신이 페이스북 채널 하나만 하고 있다거나 인스타그램 채널 하나만 하고 있다면 반드시 페이스북과 인스타그램은 동시에 운영하기 바란다. 페이스북과 인스타그램을 따로 돌리는 채널로 생각해서는 안 된다.

페이스북 마케팅
실전 파헤치기

① 페이스북 계정 이렇게 이해하라

페이스북 계정 파헤치기

페이스북은 크게 다음과 같은 3가지의 계정을 생성할 수 있다. 첫 번째로 개인 계정이다. 개인 계정은 페이스북에 가입하면 만드는 첫 번째 계정이다. 이 계정은 가입 후 자연스럽게 만들어지는 계정으로써 개인 전용이다.

두 번째로 페이지이다. 페이지는 개인 계정의 비즈니스 계정이다. 페이지에서 개인은 브랜드 계정을 별도로 만들 수 있다. 만약 당신이 사과농장을 한다고 생각해 보자. 사과농장 정보나 제품 판매를 계인 계정과 페이지 둘 중 어디에서 해야 할까? 당연히 페이지다. 페이지는 개인 계정과는 다르게 광고 집행이 가능하다. 광고로 당신의 브랜드나 제품을 페이스북에 있는 일반 사용자에게 홍보할 수 있다. 광고는 페이지 편에서 다룬다.

마지막으로 그룹이다. 그룹은 내 개인 계정이나 검색으로 친구를 찾아서 등록시킬 수 있다. 말 그대로 그룹은 친구를 모아서 하나의 그룹을 만든다. 페이지는 내 브랜드나 상품을 계속 홍보할 수 있는 블로그 같은 성격을 띠지만 그룹은 네이버의 카페나 밴드와 같은 형태이다. 하나의 공통 관심사를 중심으로 관련 정보를 공유하는 곳이다.

친구를 그룹에 추가하는 것이 친구의 동의 없이도 가능하므로 의사를 묻지 않고 그룹에 강제 가입시키는 일이 많았다. 어느 순간 페이스북에 들어가 보면 내 페이스북 친구(페친)가 원치 않는 그룹에 나를 가입시켜 버리기도 하여 그룹 가입에 관한 거부감도 크다. 내가 가입된 그룹에서 탈퇴할 수 있더라도 그렇게 강제로 그룹에 들어가 있는 것이 탐탁하지 않을 것이다. 역으로 그룹의 규모를 키우기 위해서는 초창기에 개인 계정에 있는 페이스북에 그룹원을 많이 확보해야 하는데, 이때 가입 유도를 어떻게 할 것인지 고민해야 한다.

❷ 페이스북 개인 계정에서 마케팅하는 법

페이스북 개인 계정에서 마케팅

지면의 한계상 페이스북 가입 절차는 생략한다. 개인 계정을 만들면 누구나 개인 계정을 꾸밀 수 있다. 상단의 커버 사진과 계정 소개 사진까지 꾸미도록 하자.

페이스북 계정 커버 사진 제시 예

개인 계정이라고 할지라도 개인 브랜딩이나 전문적인 주제를 가지고 개인 계정을 꾸미고 싶다면 페이스북이 요구하는 개인 정보를 잘 써 넣어야 한다. 특히 소개 부분은 상당히 중요하다. 소개 부분에서 당신의 직업, 지역 등을 기반으로 해서 페이스북 친구를 추천한다. 그러면 누구나 그중에서 자신의 페이스북 친구로 등록할 수 있다. 어떤 분야의 사람을 친구로 등록할지에 따라서 개인 브랜드 및 마케팅 방향도 달라질 수 있으므로 최초 개인 정보를 잘 올려 둔다. 페이스북을 잘 운영하지 못하는 사람은 본 소개 정보에서부터 정보가 부실할지도 모른다. 단순한 꽃 사진이나 예쁜 사진만을 커버 사진으로 사용하는 이도 있다.

만약 마케팅이나 브랜딩을 목적으로 페이스북을 운영하고자 한다면 절대로 이렇게 해서는 안 된다. 개인 계정이라고 할지라도 가장 자신의 비즈니스에 맞는 커버 사진, 프로필 사진을 등록하도록 하자.

페이스북 개인 계정 제시 예

③ 페이스북 그룹 마케팅은 이렇게 활용하라

페이스북 그룹 만들기

그룹은 앞서 언급했지만, 네이버의 카페와 같은 역할을 하는 곳이다. 다수의 페이스북 친구를 모아서 하나의 공통된 주제로 그룹을 운영할 수 있다. 그룹에는 현재 본인의 페이스북 친구를 추가할 수도 있고 친구 검색으로 그룹 구성원을 추가할 수도 있다. 개인 계정의 상단 오른쪽 항목에 [만들기]라는 단추를 누르면 아래와 같이 페이스북에서 만들 수 있는 항목이 보인다. 페이지, 광고, 그룹, 이벤트를 만들 수 있는데 여기서 그룹을 선택하면 된다.

페이스북 그룹 만들기

그렇게 하면 '새 그룹 만들기'하는 새로운 창이 뜬다. 그룹 이름, 현재 개인 계정이나 검색으로 페이스북 친구를 그룹에 가입시킬 수 있다. 공개 범위는 공개 그룹, 비공개 그룹, 비밀 그룹으로 나뉜다.

공개 그룹은 누구라도 검색해서 들어올 수 있고 비

페이스북 새 그룹 만들기 창

공개 그룹은 검색은 되지만 가입은 그룹을 만든 매니저가 승인을 해주어야 한다. 마지막으로 비밀 그룹은 검색해도 나오지 않으며 개인적으로 그룹에 대한 정보를 별도로 알아야 가입이 가능하다. 그룹을 만든다면 3가지 중에서 편한 방식으로 그룹을 생성하여 운영하면 된다.

그룹 운영 시 그룹 구성원 가입에는 주의해야 한다. 이전에 그룹을 빠르게 키우려는 페이지에서 원치 않는 페이스북 친구를 가입시켜서 사용자 수만 확대하는 모양새가 빈번했다. 그룹을 생성했을 때나 페이스북 친구를 가입시킬 때는 상대방의 동의를 사전에 구하든지 아니면 가입시켜도 불만이 없을 정도로 나만의 특별한 콘텐츠가 많이 쌓인 후에 가입을 권유하자.

④ 페이스북 페이지 마케팅은 이렇게 진행하라

페이스북 마케팅의 꽃, 페이지

페이스북 마케팅의 핵심은 페이지라고 해도 좋을 정도로 페이지는 페이스북에서 중요한 역할을 한다. 페이스북 광고 수익의 원천이며 비즈니스 브랜딩을 위해 페이스북 페이지가 필요하다. 페이스북은 개인 계정과 페이지로 나누어진다. 개인 계정은 개인의 일상을 공유하는 공간이고 페이지는 브랜드나 상품을 홍보하기 위해서 만드는 비즈니스 계정이다. 모든 SNS 채널은 개인 계정과 비즈니스 계정을 가지고 있는데 페이스북에서는 바로 이 비즈니스 계정이 페이지이다. 대부분의 SNS 채널은 바로 이 비즈니스 계정에서만 홍보, 즉 광고를 할 수 있다. 개인 계정과 페이지의 차이점을 표로 정리하면 다음과 같다.

	개인 계정	페이지
친구 수	5000명	무한대
계정 친구 개념	친구	팬
계정 생성 수	1개	여러 개
광고 집행 여부	불가능	가능

페이지는 계정에서 친구가 팬이라는 개념이다. 개인 계정의 친구 수는 최대 5000명이다. 반면 페이지의 팬 수는 제한이 없다. 그리고 페이지는 페이지의 '좋아요'를 누르는 순간 그 사람은 페이지의 팬이 된다. 내가 페이지에 올리는 게시물은 좋아요를 눌러준 팬에게만 노출된다. 따라서 페이지를 키우고 싶다면 페이지 '좋아요'를 많은 사람이 누를 수 있게 만들어야 한다. 페이지는 이벤트나 광고로 팬을 확보할 수 있다.

인기 있는 페이지가 되기 위해서는 페이지에 좋은 콘텐츠를 많이 올리는 것이 중요하다. 또한 페이지의 목적을 분명히 해야 페이지를 여러 사람이 자주 찾을 것이다. 만약 다이어트를 목적으로 하는 비즈니스 페이지를 만들고 싶다면 다이어트에 관련된 콘텐츠들을 줄곧 올려야만 페이지에 대한 관심도가 증가하여 다이어트에 관심이 많은 팬을 확보할 수 있다. 페이지 역시 상단의 [만들기]로 생성한다.

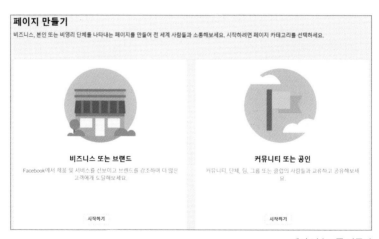

페이스북 그룹 만들기

이전에는 페이스북 페이지를 만드는 메뉴가 6개였는데 최근에는 [비즈니스 또는 브랜드], [커뮤니티 또는 공인]으로 간결하게 2가지의 형태로 제공한다. 대부분 페이지를 만들 때는 [비즈니스 또는 브랜드]로 선택하여 페이지를 생성한다.

생성할 페이지의 정보 입력

본인의 비즈니스와 가장 근접한 분류를 정한 다음 주소와 전화번호 등을 입력하고 [계속] 단추를 누른다. 이후에는 프로필 사진 추가, 커버 사진 등을 올리는 단계가 나오는데 일단 건너뛰기를 계속 누르면 다음과 같이 비즈니스 계정인 페이지가 생성된다.

생성된 초기 페이지 화면

이제 개인 계정이 아닌 비즈니스를 위한 페이지가 생성되었다. 페이지는 개인 계정보다는 키우기가 쉽지 않다. 페이지를 처음 접하면 개인계정을 처음 만들었을 때처럼 무엇부터 해야할지 막막할 것이다. 다음절에서 페이지를 키우고 활용하는 방법에 대해서 알아보자.

실전,
페이지 활용하기

💬 콘텐츠 등록도 전략이 필요하다

콘텐츠 등록도 전략적으로

개인 계정과 페이지도 만들었는데 콘텐츠를 어떻게 채워나가야 할지 막막할 것이다. 이럴 때는 콘텐츠 제작 방법을 아는 것이 시작이다. 사람을 끌어들이는 콘텐츠를 작성하는 몇 가지 방법에 대해서 알아보자.

페이스북 개설 초기에 이용자가 가장 흔하게 멋진 풍경 사진이나 웃기는 동영상을 공유하여 개인 계정의 콘텐츠를 채운다. 그리고 나서는 무엇을 올려야 할지 몰라서 몇 개 정도 올려놓고 내버려둔다. 만약 비즈니스나 전문적으로 운영해야겠다면 페이지를 만들어야 한다. 개인 계정에 온통 광고만 도배해서 올려놓는 우를 범하지는 말자. 개인 계정에 광고만 잔뜩 올려놓으면 거부감이 들게 마련이고 페이스북 친구 등록을 할 생각이 없어지며 힘들게 개인 계정으로 들어온 방문자는 떠나 버릴 것이다.

　제대로 페이스북을 운영하고자 한다면 단순히 사진이나 동영상 공유가 아닌 본인 생활 주변의 일상부터 올려보자. 내 페이스북을 보러오는 친구가 기껏 꽃 사진이나 웃긴 동영상을 보기 위해서 당신의 페이스북을 방문하러 오는 것이 아니다. 그런가 하면 어떤 개인 계정은 온통 본인의 사업을 위한 광고로 도배를 해 놓은 곳도 있다. 페이스북 친구는 당신의 일상이나 하루가 궁금해서 당신의 계정을 방문한다. 페이스북을 초기에 키우고 싶다면 개인의 일상이나 내가 하는 일에 관해 올려도 그것 자체가 브랜드가 되기도 한다. 따라서 개인 계정에는 굳이 마케팅한다고 광고만 도배하지 말고 본인의 일상이나 관련된 일에 대해서 올리자.

② 실전, 콘텐츠 채우기

한눈에 들어오는 카드 뉴스 만들기

카드 뉴스는 페이스북에서뿐만 아니라 SNS 채널에서 사용자에게 직관적인 정보를 제공하는데 유용한 콘텐츠 제작 방식이다. 간단하게 만들 수 있으면서도 텍스트 위주가 아닌 사진 위주로 되어 있으므로 사진과 텍스트의 배열만으로도 멋진 콘텐츠를 만들 수 있다. 최근에는 텍스트만 입력하면 자동으로 카드 뉴스를 만들어주는 플랫폼이 많아 카드 뉴스 콘텐츠를 제작하기가 쉬워졌다. 대표적인 카드 뉴스 플랫폼으로 타일Tyle이 있다. 유료 플랫폼이므로 가입 후 추가 사용 비용이 들긴 하지만 카드 뉴스를 만들기가 쉽다는 장점이 있다.

또 하나 추천하고 싶은 카드 뉴스 제작 플랫폼은 큐Q 카드 뉴스이다. Q 카드 뉴스는 아직 많이 알려지지 않았는데 스마트폰에서 만들 수 있다. 안드로이드, 아이폰으로 모두 사용할 수 있으며 역시 텍스트 입력만 하면 된다. 각종 카드 뉴스 서식을 제공하므로 서식에 사진과 텍스트만 집어넣으면 된다. 무료 기능으로도 하나의 카드 뉴스에 5장의 카드를 넣을 수 있어서 하나의 카드 뉴스가 5장을 넘지 않는다면 무료로 계속 사용이 가능하다.

카드뉴스 제작 애플리케이션(tyle.io, Q카드 뉴스)

동영상 워치^{Watch} 활용하기

워치기능은 유튜브와 넷플릭스 등 동영상 스트리밍 서비스에 대항해 선보이는 서비스이다. 1년 전 미국에만 우선 선보였다가 2018년 8월 30일 전 세계 페이스북 이용자를 대상으로 페이스북 워치 서비스를 시작했다. 이 서비스로 이용자는 최신 동영상과 자신이 좋아하는 동영상 제작자의 최신 소식을 접할 수 있다. 내가 '좋아요'를 눌러 팔로잉한 페이지의 영상이 개인 동영상 리스트에 뜨고 회원을 위한 인기 동영상은 페이스북 추천으로 워치 피드에서 뜬다. 뉴스 피드에는 여전히 동영상을 포함한 콘텐츠가 올라온다. 중복 정보 같아도 이동 통신 기기에서 동영상만을 모아 올리므로 이용자를 페이스북에 머무르게 하려는 새로운 전략이다.

동영상 워치(Watch) 화면

샵 기능으로 제품 홍보하기

스마트폰 케이스 사업을 하는 겟 유어 스타일은 페이지에서 샵의 기능을 켠 뒤 인스타그램과 연계하여 마케팅을 진행하고 있다. 페이스북 페이지에서 먼저 샵의 기능을 활성화하면 아래와 같이 페이지에 '샵'이라는 항목이 추가된다. 여기에 당신의 제품을 등록한 후에 인스타그램과 연동하면 된다.

페이지 샵 기능 설정

페이지에서의 제품 등록은 아래와 같이 샵에서 제품을 추가하고 제품에 대한 가격이나 설명, 인터넷 주소 출처 등을 붙여서 등록한다.

샵에서 제품 추가

겟 유어 스타일에서는 스마트폰 케이스 비즈니스를 수행하고 있어서 스마트폰 케이스를 샵에 등록하였다. 그런데 이것만으로는 곧바로 마케팅에 도움을 주지 못한다. 만약 샵에 게시물을 올린 상태에서 판매를

촉진하고자 한다면, 페이지에서 직접 샵에 올린 게시물을 광고하든지 인스타그램과 연계하여 인스타그램에서 쇼핑 태그 등을 사용하여 제품을 알리고 판매를 유도하는 방법이 있다.

페이지 게시물에 상품 전시

❸ 페이지를 통해 효과 만점 광고하는 법

페이지에서 광고하기

페이지를 생성하면 페이지나 페이지의 게시물로 광고를 할 수 있다. 페이스북의 가장 뛰어난 기능이 바로 광고이다. 페이스북의 광고는 저비용으로 높은 효율을 올릴 수 있다. 페이스북 광고의 특징은 정밀한 타깃팅이다. 광고가 목표로 하는 대상이 구체적이라면 내가 광고를 해야 하는 대상자의 개인 계정 타임 라인에 본인의 광고가 정확하게 노출된다.

페이지를 생성한 초기 단계에서 광고해서는 안 된다. 콘텐츠를 어느 정도 페이지에 쌓은 후에 광고한다. 그렇지 않은 상태에서 욕심을 부려 페이지를 만든 직후에 광고를 진행하면 페이스북 계정이 정지될 수도 있다. 광고를 한다고 해서 곧바로 고객이 내 광고에 반응할 것이라고 섣부른 기대는 하지 말자. 필자도 여러 번 광고를 집행했지만 어설픈 광고 설정으로는 제대로 된 효과를 기대하기가 어려우므로 광고 집행에는 어느 정도의 사전 학습을 한 후 광고를 집행하기 바란다.

광고 집행 시에는 이미지보다는 동영상을 활용한 광고를 해야 효율적으로 성과를 올릴 수 있다. 이전에는 페이스북 광고 시 이미지로 진행을 많이 했는데 최근에는 동영상 콘텐츠가 늘었으니 동영상 광고가 훨씬 효과가 크다. 가능하면 재생 길이가 짧은 동영상이 좋다. 요즘은 긴동영상을 선호하지 않는 추세이다. 동영상 자체가 페이스북에서 고객의 피드에 나타날 때 묶음 처리가 되므로 순간적으로 고객의 선택을 받지 못하는 게시물은 지나간다. 따라서 짧고 영향력 있는 동영상을 제작하여 광고에 활용하기 바란다.

페이지 광고 도구 화면

페이스북 광고 설정하기

페이스북에서는 키워드를 중심으로 하여 페이스북에 있는 수십에서 수백만 명 페이스북 사용자의 타임 라인에 광고를 보이게 할 수 있다. 바로 이것이 페이스북을 해야 하는 이유이다. 타 SNS에서 이 정도의 광고효과를 보기 위해서는 다른 요소가 필요하지만, 페이스북에서는 페이지생성 후 일정 콘텐츠가 쌓이면 곧바로 불특정 다수를 대상으로 광고할 수 있다. 그것도 아주 저렴한 비용으로 광고 집행이 가능하기 때문에, 페이스북으로 브랜드 마케팅이나 비즈니스 마케팅을 진행하려면 반드시 광고를 집행하여 본인의 비즈니스를 알리는 작업을 해야 한다.

광고는 비즈니스를 알리는 데만 사용되는 것이 아니라 직접 페이지에서 물건에 대한 판매 광고도 할 수 있다. 바로 앞서 언급한 샵 기능을 사용한다. 샵 기능은 페이스북에서만 설정해도 페이스북 자체에서 광고해서 판매할 수 있지만 인스타그램 계정까지 운영하고 있다면 샵 기능을 페이스북에서 설정하고 인스타그램으로 제품을 판매할 수 있다. 아직은 샵 기능을 인스타그램과 연동하여 마케팅을 하는 판매자가 많지 않으므로 샵 기능과 연동한 쇼핑 태그를 빠르게 인스타그램에 적용하는 것도 마케팅 전략으로 활용가능하다.

페이스북 광고를 하는 방법은 2가지이다. 하나는 페이지 게시물에서 광고 대상이 되는 게시물의 [게시물 홍보하기]를 눌러서 바로 광고를 하는 방법이다. 또 하나는 광고를 직접 생성하는 방법이다. 아래 화면에서 [게시물 홍보하기]를 클릭하면 곧바로 광고 창이 열리면서 광고를 할 수 있다.

홍보할 페이지 게시물 선택

만약 광고 이미지나 동영상 게시물에 텍스트가 많다면 경고 메시지가 뜬다. 페이스북 광고는 사진을 첨부할 때 텍스트가 많은 것을 꺼린다. 만약 광고 사진에 텍스트가 많다면

게시물 홍보하기를 클릭하여 광고 집행

광고 승인이 되지 않거나 승인된다고 하더라도 페이스북 사용자에게 광고가 도달되는 도달률이 현저하게 떨어진다. 따라서 광고 집행 시 번거롭더라도 가능한 광고를 별도로 생성하고 사진이나 동영상 첨부 시에 텍스트가 많이 포함되지 않도록 광고를 구성하는 것이 좋다.

광고 생성은 광고 관리자에서 진행할 수 있다. 광고 관리자는 페이지 오른쪽 위에 있는 화살표를 누르면 나오는 하위 메뉴에서 [광고 관리]를 선택한다.

페이스북 광고는 아래와 같이 총 11개의 마케팅 목표에 따라 광고 생성 방법이 다르

광고 관리자 이동

다. 페이스북 광고를 처음 집행하는 초보자가 가장 많이 사용하는 기능은 트래픽 부분과 참여, 애플리케이션 설치 정도이다. 이후에는 구매로 끌기 위해 잠재 고객 통계를 활용해서 방문자에게 콘텐츠를 보이기도 하지만 전문적인 주제이므로 이 책에서는 기본적인 부분만 언급한다(참고로 페이스북 광고는 타깃 기반의 광고이므로 쇼핑몰을 운영하고 페이스북을 한다면 샵 운영과 리마케팅 광고를 익혀야 한다). 트래픽, 참여, 애플리케이션 설치 등으로 당신이 홍보하고자 하는 게시물이나 설치를 유도하고 싶은 애플리케이션 등을 광고하여 실적을 거둘 수 있다.

페이스북 광고 집행 시에는 반드시 해외 승인이 되는 신용카드가 필요하다. 비자VISA 카드나 마스터Master 카드 등을 등록하면 된다. 광고 시 1일 예산이나 전체 예산을 지정할 수가 있는데 일반적으로는 최초 1일

페이스북 광고 관리자를 통한 광고 집행

예산은 3000~5000원 수준으로 적게, 광고 수행일은 3~4일 정도, 광고 실행 후에 어느 정도 효과가 있다면 금액을 증액하여 좀 더 많은 기간 동안 하면 된다. 광고는 언제든지 광고 관리자에서 활성화나 비활성화를 할 수 있으므로 효과가 별로 없으면 집행을 그만둘 수 있다.

픽셀을 정복하라!

최근에 페이스북으로 리타깃팅까지 수행하는 중급 수준의 페이스북 광고 기법에 대한 소개가 많다. 픽셀이라는 도구로 고객의 정보를 수집하여 광고에 관심을 가지는 사람을 대상으로만 광고를 다시 집행하는 방법이다. 이렇게 되면 구매 전환 효과가 높다. 픽셀은 페이지나 쇼핑몰 등을 운영하고 있다면 페이스북에서 반드시 익혀야 할 기술이다. 최근에는 이 픽셀을 어떻게 하면 제대로 활용할 수 있는지 강의도 생겼지만, 아직 제대로 활용을 하는 사람은 별로 없다. 픽셀은 HTML 코드로 구성되어 있으며 구글 애널리틱스와 같은 사이트 분석(웹로그 분석) 도구에서 사용하는 애널리틱스 코드와 비슷하다. HTML코드를 당신의 쇼핑몰 사이트 헤더나 홈페이지의 헤더에 넣어주면 동작한다. 이후에는 사이트에서 발생하는 모든 사용자의 행위를 기록하므로 유용하다.

픽셀이 모이면 구매자의 구매 패턴을 파악할 수도 있고 우리 사이트를 방문한 사람을 대상으로 페이스북 사용자를 선별하여 특정 사용자에게만 광고할 수도 있다. 쇼핑몰을 방문한 사용자 중에 페이스북 사용자가 한번 쇼핑몰에 들어와서 제품을 살펴보았다면 다시 페이스북 피드에도 방문했던 쇼핑몰의 제품 광고가 뜬다. 특정 쇼핑몰에서 특정 제품에 관심이 있었던 고객이 페이스북 내에서 광고하는 제품에 관심을 보이고 제품을 구매할 가능성이 크다. 페이스북의 광고는 구글이나 네이버 광고보다 훨씬 저렴하므로 페이스북 광고를 집행하여 제품의 구매 전환율을 높일 수 있다.

특히 최근에는 네이버 스마트스토어에도 픽셀을 심을 방법이 공개되었으므로 픽셀을 스마트스토어에 심은 후 방문자의 정보를 수집하여 페이스북에서 광고할 수도 있다. 네이버 쇼핑에서도 광고할 수 있지만 페이스북은 비 로그아웃 기반의 방식을 채택하고 있어서 직접 타깃을 선별하여 광고하는 환경에서 저렴한 가격으로 탁월한 전환 효과를 거둘 수 있다.

다음은 필자의 스마트스토어에 심어놓은 픽셀로 유사 타깃을 집행하는 화면이다. 스마트스토어의 일일 방문자가 많다면 맞춤 타깃으로 광

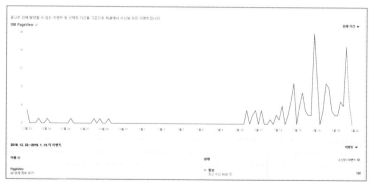

픽셀 수집 화면

고를 집행할 수 있지만 일일 방문자가 많지 않다면 유사 타깃으로 설정

하여 페이스북에서 광고할 수 있다.

픽셀을 활용한 맞춤 타깃 만들기

유사 타겟 만들기   ✕

Facebook에서 기존 타겟과 유사한 특성을 가진 새로운 사람들을 찾아보세요. 더 알아보기.

소스 ⓘ   감성스타일 픽셀

          새로 만들기 ▾

이벤트 ⓘ   ⦿ 구매(권장)   ◯ 값으로 이벤트 선택   ▾

          ⓘ 유사 타겟은 빈도, 최근 활동 및 다양한 값을 사용합니다:

          Highest value passed   최저값 전달됨   고유 고객
              $0.00 $0.00   -

          ● 최근 60일 동안 픽셀의 값이 포함된 Purchase 이벤트 0개가 수신되었습니다.

위치 ⓘ   국가 > 아시아

          대한민국

          타게팅할 국가나 지역을 검색하세요   찾아보기

타겟 규모 ⓘ   176.3K
          ●━━━━━━━━━━━━━━━━━━━━━━━━━━━━━
          0   1   2   3   4   5   6   7   8   9   10   국가 비율(%)

          결과 타겟   추산 도달
          유사 타겟(KR, 1%) - 감성스타일 픽셀   176,000명

          타겟 수는 선택한 국가 내 총 인구의 1%~10% 사이로 지정할 수 있으며, 1%에 가까울수록 소스 타
          겟과 유사성이 높습니다.

          세부 옵션 보기 ▾

취소   타겟 만들기

픽셀을 활용한 유사 타깃 지정

▶ YouTube

요새 핫한
유튜브 마케팅의
핵심

유튜브,
SNS의 왕좌에 오르다

단기간에 대한민국을 정복한 뉴미디어

2016년까지만 해도 유튜브는 대한민국에서 동영상 플랫폼으로서 아프리카 TV에 비교하면 사용자 층이 두텁지 않았다. 하지만 2016년 말부터 발생한 아프리카 TV 대란으로 인해 유명 비제이가 대거 유튜브로 넘어오며 대한민국에서 유튜브가 급속하게 성장했다.

　게임 유튜버로 유명한 대도서관부터 아이들의 대통령이라는 도티까지 아프리카 TV를 벗어나 본격적으로 유튜브에서 활동했다. 그래서 기존 시청자 대다수가 비제이의 방송을 보려고 유튜브로 이동했다. 이후 1년 남짓한 시간에 유튜브는 대한민국에서 페이스북, 카카오를 뛰어넘었다.

제트(Z) 세대를 삼킨 유튜브

최근 초등학생에게 페이스북이나 인스타그램 등의 SNS채널보다는 유튜브가 1순위이다. 생활의 모든 것을 유튜브에서 찾는다. 초등학생 사이에서 유튜브의 인기는 엄청나다. 학생이 뉴스를 보지 않아도 어른들보다 빠르게 소식을 찾아내서 그들끼리 공유하는 문화가 생겼다.

유튜브를 보고 자라는 세대를 Z세대라고 부른다. Z세대는 이동 통신기기에 익숙하고 지식도 동영상으로 얻는 세대이며 동영상 자료의 편집이나 활용에도 거리낌이 없다. 어른이 사용하는 포털이 네이버라면 초등학생에게는 포털의 역할을 유튜브가 한다. 이제는 초등학생뿐만 아니라 나이가 지긋한 계층까지 유튜브에 속속 유입되고 있다. 기존 노년층은 휴대폰 자체도 활용하기 어려워했지만 요즘 노년층은 무료 스마트폰 사용법 강좌를 듣고 유튜브에도 관심이 많다. 이처럼 유튜브는 이제 특정 세대뿐만이 아닌 전 연령에서 사용하는 대한민국의 대표 동영상 플랫폼이다.

보람 튜브, 우리나라를 넘어 세계로 뻗어가는 유아 채널

보람 튜브의 구독자 수는 2019년 3월 현재 900만 명이 넘는다. 유아를 대상으로 한 콘텐츠 수요가 많아서 동영상 조회 수도 높고 광고 수익도 엄청나다. 장난감, 놀이, 일상생활에 일어나는 일을 소재로 하고 화면 편집과 음향으로 재미를 더한다. 해외 구독자도 많아 세계로 뻗어나가는 유아 채널이다.

보람 튜브 채널

보람 튜브의 특징은 유아채널이기는 하지만 해외 유저까지를 겨냥하여 콘텐츠를 만들고 있다는 것이 특징이다. 제목 자체를 영문으로 제작하여 해외 유저들에게 편의성을 제공하고 있다는 것이 장점이다.

보람 튜브의 월 수익은 자그마치 월 34억 원 가량 되며 웬만한 중소기업보다 수익이 월등히 많다. 보람 튜브는 이에 그치지 않고 보람 튜브 브이로그, 보람토이 등의 브랜드 확장을 통해 더 많은 구독자와 수익을 창출하고 있다. 만약 유아 채널을 기획하고 있는 크리에이터라면 보람 튜브의 전략을 유심히 보면서 새로운 채널을 만들 필요가 있다.

아이들의 꿈은 유튜버

최근 아이들의 꿈은 과학자, 의사가 아니라 유튜버이다. 도티 TV로 유명한 도티를 초등학생이 초통령이라고 부른다. 일반 텔레비전에 나오는 연예인이 아니라 도티 같은 유튜버가 선망의 대상이다. 케이블 텔레비전의 연예 방송에서 유재석 씨가 '초등학생에게 내가 누구인지 아느냐?'고 물었더니 '모르겠다'고 답했다. 그리고 '그럼 누구를 아느냐?'고 물었더니 '도티'라고 대답했다고 한다. 그리고 유재석 씨는 그 당시에는 도티가 누구인지 몰랐다. 얼마 전에 도티는 〈해피 투게더〉라는 예능 프로에 나와서 이 현상에 대해서 말했다. 이제 초등학생에게는 일반 연예인보다 인기 유튜버가 선망의 대상이자 되고 싶어 하는 인물이다.

도티 채널

ASMR, 소리를 사로잡다

유튜브에서 한참 먹방이 인기를 끌 무렵 언제부터인가 ASMR^{자율감각 쾌}^{락반응}이라는 것이 유행하기 시작했다. ASMR은 Aautonomous Sensory Meridian Response의 약자로 인간의 뇌를 자극해 심리적인 안정을 유도

하는 소리 혹은 영상으로 바람이 부는 소리, 연필로 글씨를 쓰는 소리, 바스락거리는 소리 등을 제공해 주는 것을 뜻한다.

ASMR은 기존 먹방과는 다르게 소리로 승부하는 채널이므로 영상 제작에서 마이크가 상당히 중요한 요소를 차지한다. 기존 마이크가 아닌 콘덴서 마이크 등의 고가의 특별한 마이크를 사용하여 촬영하게 된다. 기존 먹방이 무조건 많이 먹는 쪽의 방향이었다면, ASMR 먹방은 작은 음식이지만 최대한 맛있게 그리고 음식을 먹는 소리가 가장 잘 들리도록 구성하는 것이 핵심이다. 이러한 소리에 의해 사람들의 먹는 욕구를 최대화하고 '나도 저들처럼 먹어보고 싶다'고 생각하게 만드는 대리만족 경험이 ASMR 채널의 핵심이라고 할 수 있겠다.

ASMR 영상 전용 유튜버 꿀꿀선아

꿀꿀선아는 ASMR 영상 전용 유튜버이다. 구독자가 자그만치 124만 명을 자랑한다. ASMR로 이 정도 구독자라면 최상위 수준이라고 할 수 있다. 꿀꿀선아는 먹방뿐만 아니라 다양한 생활속에서의 ASMR 상황을

ASMR 꿀꿀선아 채널

통한 영상을 제작하고 있다. 키보드 소리, 미스트 화장품 소리, 레고 조립하는 소리 등, 다양한 상황에서의 ASMR 영상을 통해 채널을 운영 중이다.

먹방의 선두주자, 띠예

'ASMR을 조금 안다'는 사람은 '띠예'라는 이름을 들어보았을 것이다. 2018년에는 띠예가 유튜브 내에서 핫이슈가 되었다. 띠예는 음식 전문 ASMR을 운영하는 채널로 띠예가 나와서 하나의 음식을 맛있게 먹는 ASMR 방송이다. 처음에 띠예 채널이 나왔을 때 영상 2~3개로 구독자가 30만 명이 넘어섰다. 이러한 급작스러운 인기는 여러모로 부작용을 낳았다. 일반적으로 다른 유튜버들도 급작스러운 인기를 얻을 수도 있지만 띠예의 경우에는 조금 남달랐다. 그 이유는 한순간의 급등된 인기 때문에 다른 유튜버들의 공격을 받은 것으로 추측된다. 갑자기 인기를 얻게 되자 영상에 대한 신고가 많아져서 채널의 영상이 구글로부터 삭제당한 것이다.

띠예 채널

사실 저작권을 위반할만한 요소가 거의 없는 영상임에도 불구하고 영상이 삭제된 것이다. 이는 아마 영상 자체에 대한 신고가 많이 들어오게 되면 구글이 이에 대한 조치로 영상을 삭제하게 되는데, 이것이 비정상적으로 많았다는 것을 의미한다. 이처럼 갑자기 인기를 얻게 되는 것이 반드시 좋은 부분만 있는 것이 아니라는 것을 이 사례에서 알 수 있다. 다행히 현재는 다시 채널을 운영 중이며 구독자는 85만 명이다.

유튜브와 SNS 마케팅의 시너지를 내는 법

직관적 매체 전달의 힘 동영상

SNS 마케팅에 유튜브가 필수이다. 저마다 유튜브에서 좋은 콘텐츠와 영상으로 본인의 사업을 널리 알리고자 한다. 동영상은 일단 글보다 전달력이 좋다. 블로그는 본인이 원하는 콘텐츠를 정독해서 읽어야 한다. 하지만 동영상 콘텐츠는 흥미로운 영상과 자막이 달려 있어서 보는 것만으로도 정보를 얻을 수 있다.

시각과 청각에 자극을 주어 글로 존재하는 콘텐츠보다 훨씬 인간의 기억에 오래 남는다. 통상적으로 글로만 적힌 내용의 전달력이 30% 정도라면 이미지는 50%, 동영상은 70% 이상의 전달력이 있다고 한다. 그만큼 영상으로 전달하는 것이 직관적이어서 사람의 뇌리에 오래 남는다고 한다. 따라서 유튜브와 같은 동영상 콘텐츠를 잘 만들면 그만큼 비즈니스에 보탬이 된다.

동영상 편집 앱 브이엘엘오(VLLO)로 만든 휴대폰 케이스 홍보 영상

동영상에도 단점이 존재한다. 동영상 재생 시간이 길면 내가 원하는 콘텐츠를 보는데 시간이 많이 든다. 나머지 내용은 원치 않아도 전부를 봐야 한다. 글은 스크롤을 하면서 내가 원하는 내용만 찾아볼 수 있지만, 동영상 콘텐츠는 전체에서 내가 원하는 콘텐츠만을 찾아내기가 쉽지 않다.

그렇지만 동영상은 글보다 쉽게 만들 수 있다. 글로 작성하여 무언가를 전달하려고 한다면 글감을 모아야 하고 내용을 다량 수집해야 한다. 우리에게는 스마트폰이라는 편리한 도구가 있다. 스마트폰으로 동영상을 촬영한 후 거기에 약간의 자막을 추가하여 올리면 글보다 훨씬 풍부한 내용을 담은 자료가 된다. 단점이 장점을 덮을 수는 없다. 그만큼 유튜브는 현재 한국에서 가장 많은 이용자가 보는 동영상 플랫폼이자 SNS 마케팅 채널이다. 만약 당신이 본인의 비즈니스나 브랜드를 홍보하고자 한다면 유튜브보다 좋은 플랫폼은 없다. 지금 유튜브 채널이 없다면 오늘부터라도 유튜브 채널을 만들어 활용해 보자.

유튜브 채널을 만들고 빠르게 성장시키는 채널 최적화법

가. 채널을 만들고 초기 설정하는 법은 이렇게

유튜브 강의를 하다보면 유튜브 채널에 대한 기본적인 이해도 되어 있지 않은 상태에서 채널을 개설하려고 하는 경우가 많다. 실제로 시중에는 유튜브와 관련한 책이 여러 권 나와 있지만, 책을 살펴본다고 해도 그때뿐이다. 따라서 실제는 오프라인 교육에 참여해서 그때부터 채널을 만드는 경우가 적지 않다. 책을 열심히 보기는 했지만 결국 실제 채널의 생성이나 채널의 최적화는 별도로 배워야 하는 경우가 많다. 지금부터 설명할 내용은 유튜브 채널을 빠르게 키우기 위한 가장 기본적이며 핵심적인 부분만을 언급하였다. 따라서 설명한 부분을 잘 읽어본 후 본인의 유튜브 채널에 적용하기 바란다.

유튜브 채널을 만들기로 했다면 이제는 실천만이 남았다. 유튜브는 현재 구글에 속해 있으므로 구글 계정이 필요하다. 구글 계정은 만들기 간단하므로 여기서는 생략한다. 먼저 유튜브 사이트에서 가입부터 하자. 이동 통신 기기에서도 가능하지만 데스크탑 컴퓨터에서 채널을 생성하는 것을 추천한다.

☞ 초기 채널 설정

구글 계정을 생성한 후 유튜브 사이트로 넘어오게 되면 본인의 구글 계정으로 기본 유튜브 채널이 생성된다. 하지만 이 채널을 본인의 메인 유튜브 채널로 만들면 안된다. 비즈니스로 유튜브 채널을 운용하고자 한다면 반드시 새로운 채널을 생성해야 한다. 이것을 모르고 본인의 구

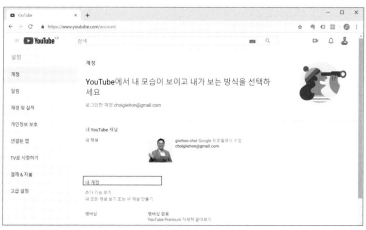

계정 설정에서 새 채널 만들기

글 계정으로 되어 있는 채널에 영상을 올리면 영상 자체의 노출도가 떨어지게 된다. 구글 개인 계정으로 만들어진 유튜브 채널이므로 이 채널에는 개인적인 영상만 올리는 것이 좋으며 만약 비즈니스 목적으로 개설을 할 목적이라면 위와 같이 채널 설정에서 [내 모든 채널 보기 또는 새 채널 만들기]를 클릭한 후 새로운 유튜브 채널을 생성하여 새롭게 생성된 채널에 영상을 올려야 한다.

신규 유튜브 채널 생성 화면

나. 채널 설정의 기본은 이렇다

☞ 채널아트 및 채널아이콘 만들기

채널이 생성되고 나면 반드시 맨 처음 해야할 부분이 바로 채널아트 및 채널아이콘을 만드는 일이다. 유튜브의 채널아트는 2560×1440 픽셀로 등록해야 한다. 그렇지 않으면 채널아트가 등록되지 않는다. 채널아트를 만들기에 좋은 도구는 파워포인트 혹은 포토스케이프를 추천한다. 특히 포토스케이프는 포토샵 대용으로 그래픽 프로그램에 익숙하지 않은 초보자들에게도 쉽게 이미지를 편집할 수 있는 다양한 기능을 제공하고 있기 때문이다.

채널아트 화면

채널아트는 [채널 맞춤 설정]을 클릭하면 다음과 같은 화면에서 등록가능하다. 이미지 오른쪽 상단의 연필같은 편집을 클릭하면 채널아트를 등록할 수 있으며 왼쪽 상단의 편집을 클릭하면 채널 아이콘을 등록할 수 있다. 각자의 유튜브 채널에 맞는 채널아트 및 채널아이콘을 등록하도록 하자.

채널아트 및 채널아이콘 등록

다. 영상 업로드에도 전략이 필요하다

채널아트와 채널아이콘을 등록했다면 이제 영상을 제작하여 업로드하면 된다. 당신의 유튜브 채널을 빠르게 키우고 싶다면 영상을 가능한 자주 올려야 한다. 그것도 어느 정도 긴 영상을 올리는 것이 좋다. 이는 시청시간을 늘리기 위한 것인데 유튜브는 영상의 시청 시간에 따라서 점수를 주는 알고리즘을 가지고 있다. 따라서 영상이 자주 올라가고 그 영상의 시청시간이 길면 영상을 상위노출 시켜주는 내부 알고리즘이 작동하므로 영상의 콘텐츠에 신경써서 자주 그리고 20분 이상의 긴 영상을 올려주는 것이 좋다. 영상은 가능한 일주일에 2개에서 3개 정도의 영상을 업로드해주도록 한다. 물론 이보다 더 많은 영상을 올릴 수 있다면 금상첨화이겠지만 전업 유튜버가 아닌 이상 일주일에 3개 이상 올리는 것은 무리가 있을 것이다. 따라서 본인이 시간을 낼 수 있는 최대한의 시간을 투자하여 영상을 제작하여 올리도록 하자.

🔊 영상 등록 시 반드시 비공개로 올려라

영상 등록 시 주의할 점은 반드시 영상을 업로드할 때 '비공개'로 올리는 것이다. 비공개로 올리면 좋은 점은 크게 3가지가 있다. 첫 번째로 영상을 비공개로 올리게 되면 저작권 위반에 대한 사전 검증을 실시할 수 있다. 유튜브에는 이미 무수한 저작권 관련 권한이 등록되어 있다. 만약 당신의 영상이 저작권을 위배하지 않았다는 확실한 자신이 있다면 상관없지만 만약 저작권에 우려가 되는 사진이나 동영상 등을 사용했다면 이는 추후 중대한 법적 사태까지 유발될 수 있다. 비공개로 영상을 올리게 되면 당신의 영상이 저작권에 위해되는 요소가 있는지 사전에 검증이 가능하다. 물론 이는 유튜브에서 자동으로 진행되며 만약 비공개로 영상을 업로드한 이후에 2~3시간이 지나도 어떠한 메시지가 없다면 그때는 영상을 공개로 바꾸면 된다. 이것은 유튜브 크리에이터 스튜디오에서 확인이 가능하다. 만약 영상에 저작권 위반 사항이 있는 요소가 있다면 아래와 같이 크리에이터 스튜디오에서 저작권에 관련된 경고

동영상 업로드 화면 - 비공개 설정

저작권 위반 영상 표시

가 발생한다. 이러한 경우에는 업로드했던 영상을 삭제하거나 저작권에 위반될 것 같은 요소를 사전에 제거하여 다시 업로드를 진행하는 것이 좋다.

두 번째로 영상 업로드시 비공개로 처리하는 이유는 동영상의 품질 향상 때문이다. 최근 유튜브 동영상은 기본적으로 1080p의 영상을 주로 업로드하게 된다. 스마트폰의 카메라 성능이 좋은 탓에 기본적으로 동영상 녹화가 최저 1080p로 되어 있을 것이고 하이엔드 스마트폰의 경우에는 이를 상회하는 화질일 것이다.

그런데 이런 동영상을 그대로 유튜브에 올리거나 혹은 편집한 다음 초 고화질의 영상을 제작하여 유튜브에 업로드하는 경우에는 비공개로 설정하여 업로드하는 것이 좋다. 고화질 동영상이 유튜브에 처음 업로드될 경우에는 저화질의 영상으로 먼저 출력되기 때문이다. 그리고 이후에 시간이 지나면서 영상이 고화질로 재조정된다. 이때 공개로 업로드가 되고 있는 중이라면 저화질의 영상이 시청자에게 보여지게 되는 것이다. 아무래도 이때의 영상을 보는 시청자들은 저화질의 영상을 볼수밖에 없기 때문에 좋지 않은 인상을 받을 수 있다. 따라서 업로드시 반드시 비공개로 설정하여 영상을 업로드할 것을 추천한다.

세 번째로는 예약 설정을 통해 영상 등록시 구독자에게 알람을 통지할 수 있다는 것이다. 공개 상태에서 영상을 업로드하게 되면 시청자가 곧바로 영상을 시청할 수 있다. 하지만 만약 TV처럼 특정 시간에 영상을 송출할 수 있다면 마치 방송국처럼 내가 일정한 시간에 방송을 올리고 시청자들을 그 시간대에 모을 수 있다는 장점이 있다. 크리에이터 스튜디오에서 비공개로 업로드된 동영상을 예약으로 전환하여 일정과 시간을 설정해 놓으면 자동으로 예약된 시간에 동영상이 공개되며, 영상이 공개되면서 내 채널의 구독자

예약 공개 설정

에게 알람이 전송된다. 그러므로 구독자들에게 알람을 전송하여 내 신규 영상을 시청하도록 하게 할 수 있다.

🎧 동영상 10개 이상이 되면 홈 채널 화면 꾸미기

영상의 업로드가 10개 정도 되었다면 당신의 유튜브 홈 채널을 꾸밀 수 있다. 10개가 기준이 되는 것은 아니지만 10개 정도가 되면 홈 채널에 여러 가지 구성을 할 수 있다. 채널맞춤설정을 클릭하고 하단에 있는 섹션추가를 클릭하게 되면 다음과 같이 현재 올려져 있는 동영상을 기준으로 여러 가지 주제로 동영상을 배열할 수 있다. 인기 업로드 동영상이나 구독자가 좋아요를 많이 표시한 동영상을 기준으로 홈 채널에 배열하면 처음 내 유튜브 채널을 방문하는 사람들이 구독할 가능성이 높아진다. 내 홈 채널로 유입되는 경로는 다양하지만 만약 유튜브 검색창에서 어떠한 키워드로 검색했을 때 내 채널이 검색되었다고 가정할 경우 홈 채널로 유입된다.

홈 채널 꾸미기

그런데 그때 홈 채널에 어떠한 설정도 해 놓지 않았다고 한다면 아래와 같이 아무런 설정도 되어 있지 않은 채널이 노출될 것이며 시청자는 이 유튜브 채널이 제대로 관리되고 있지 않음을 인지하고 구독 등의 버튼을 클릭하지 않을 것이다. 그만큼 메인 홈 채널은 구독자를 유도하는 데 중요한 역할을 수행한다. 이 홈 채널을 어떻게 꾸미는지에 따라서 향후 구독자 증가에 많은 영향을 미치게 되므로 영상이 어느 정도 올라가게 되면 반드시 홈 채널을 꾸며 놓도록 하자.

지식창업 보기 방식: 본인 ▾

홈   동영상   재생목록   채널   토론   정보   🔍

업로드한 동영상

최근 업로드한 동영상이 없으므로 회원님의 채널에 표시되지 않습니다. 콘텐츠를 추가하려면 동영상을 업로드하세요.

⊕ 색션 추가

동영상 섹션 추가

내 영상 검색 잘되게 하는 방법(제목 키워드, Keywordtool.io)

모든 유튜버가 내 유튜브 채널이 검색에 잘 노출되기를 원할 것이다. 더 군다나 제목을 잘 정하는 방법까지 모른다면 당신의 영상은 유튜브에서 검색조차 되지 않고 다른 영상들에 밀려서 제일 하단에서 맴돌고 있을 것이다. 그렇다면 내 영상이 검색에서 잘 노출되게 하려면 어떻게 해야 할까? 바로 제목에 키워드를 넣는 것이다. 키워드는 모든 SNS에서 중요하다. 블로그부터 인스타그램, 페이스북까지 모든 SNS 활동의 중심에는 키워드가 우선시 되어야 한다. 물론 콘텐츠가 아닌 키워드만을 맹신하면 안되지만 검색이 잘되게 하려면 역시 키워드를 제대로 분석해야 하는 것은 기본 중의 기본이다.

그렇다면 유튜브에서 잘 검색되는 키워드를 어떻게 찾을 수 있을까? 바로 키워드를 잘 찾아주는 사이트를 통해 힌트를 얻을 수 있다.

아래 화면은 keywordtool.io라는 사이트를 캡쳐한 것이다. 다른 키워드 검색 사이트보다 keywordtool.io가 가진 장점은 바로 유튜브 항목이 별도로 존재한다는 것이다. 유튜브 탭을 클릭한 후 검색창에 내 영상과 관련된 키워드를 입력하면 유튜브에서 경쟁력이 있을만한 연관키워드를 찾아준다. 이 키워드를 내 영상의 제목에 활용하거나 태그 부분에 넣어주면 된다.

keywordtool.io 유튜브 키워드 검색

일본어회화로 검색했을 때 아래와 같은 연관 검색어가 나왔다. 이 중에서 내 영상의 제목에 잘 맞을 것 같은 제목을 찾아서 영상 제목 부분에 활용하고 나머지 해당 키워드를 체크하여 하단의 카피Copy 부분을 눌러 클립보드에 저장한 다음 크리에이터 스튜디오에서 내 유튜브 영상의 태그 부분에 붙여넣기 해주면 된다.

영상의 제목을 정할 때는 중심 키워드가 제일 앞에 오도록 하는 것이 좋다. 필자의 경우 현재는 브랜드 명인 '더쿠애니'가 제일 먼저 검색되는 것을 목표로 하고 있기 때문에 제목 제일 앞에 항상 더쿠애니가 붙는다. 유튜브에서 더쿠애니로 검색하면 필자가 제작한 동영상이 상위노출되고 있는 것을 볼 수 있다. 이런식으로 당신의 동영상이 잘 노출될 수 있도록 제목을 정하는 것이 중요하다.

메타데이터란 무엇인가

메타데이터는 다른 데이터를 설명해주는 데이터라고 이해하면 된다. 유튜브 영상에서 메타데이터는 제목, 설명글, 태그가 메타데이터를 나

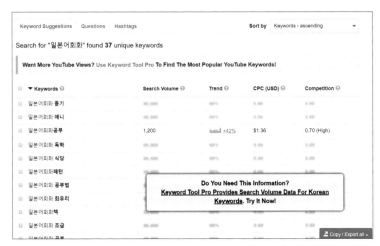

keywordtool.io 키워드 검색 결과

타내는 것이라고 할 수 있다. 이 메타데이터를 내 동영상 내용에 맞게 상세하고 자세하게 기입하면 내 동영상의 노출도 점수에 도움을 줄 수 있다. 제목 및 태그 부분을 어떻게 잘 넣는지는 앞에서 설명하였다. 이제는 영상의 설명글에 대해서 잠깐 언급하겠다. 영상에는 그 영상에 대한 설명을 잘 나타내는 글을 넣을 수 있는데 이 부분의 설명이 되어 있지 않은 영상들이 많다. 초기에는 영상 업로드에만 신경쓰는 바람에 이 부분에 대한 내용을 채우지 않는 유튜버들이 많은데, 설명 부분은 동영상의 노출 알고리즘에 영향을 주는 부분이므로 반드시 상세한 설명을 기입해 주는 것이 좋다. 물론 구독자를 모으고자 하는 욕심에 내용에도 없는 유도성 글을 적으면 어뷰징 처리로 좋지 않은 점수를 받을 있기 때문에 동영상 노출에 도움이 되지 않는다. 반드시 동영상의 내용을 잘 설명할 수 있는 내용으로 채워넣도록 하자.

기본 정보   번역   고급 설정

[1인셀프출판 전자책스쿨] 0강.프롤로그 - 하루만에 전자책&앱을 제작할

일반인도 IT 1도 몰라도 셀프출판으로 단 하루만에 쉽게 전자책을 제
작하고 대형 온라인 서점에 판매할 수 있다!!!

믿기지 않으신다구요? 나만의 전자책을 하루만에 제작하고 대형 서

셀프출판 ✕   1인셀프출판 ✕   전자책 ✕   epub ✕

epub3 ✕   멀티미디어전자책 ✕   전자책제작 ✕   이펍 ✕

앱북 ✕   전자책스쿨 ✕   HTML ✕   CSS ✕

메타데이터 작성(제목, 설명글, 태그)

엔드스크린 설정

엔드스크린은 동영상 시청자를 내 채널에 계속 머무르게 할 수 있는 강
력한 수단이다. 이 엔드스크린도 채널을 처음 시작하는 유저들이 많이
놓치는 부분이다. 내 채널에 영상이 하나둘씩 쌓여가면 반드시 영상의
끝부분에 다음과 같은 엔드스크린(종료화면) 설정을 해주어야 한다. 다
음 페이지의 설명과 같이 동영상의 수정 부분으로 들어가 종료화면 탭
을 클릭하면 엔드스크린을 설정할 수 있다. 필자는 주로 템플릿 사용을

통해 엔드스크린을 설정하는데, 템플릿에는 이미 만들어져있는 다양한 양식의 엔드스크린이 있으며 기호에 따라 본인이 원하는 엔드스크린 템플릿을 추가하여 사용하면 된다. 엔드스크린에는 구독 유도 및 내 채널에서 시청자가 관심 있을 만한 다른 영상을 등록하면 된다. 이렇게 하면 동영상이 끝나더라도 다른 사람의 동영상으로 바로 넘어가는 것이 아니라 내 채널의 동영상이 노출되기 때문에 다른 채널로 이동하지 않고 내 채널의 동영상을 계속 시청할 가능성이 커지게 된다.

영상의 엔드스크린 설정

카드 만들기

카드 만들기도 엔드스크린 설정만큼 중요한 부분이다. 카드도 여전히 많은 초보 유튜버들이 잘 사용하고 있지 않은 기능이다. 카드는 영상의 중간에 화면에서 느낌표시가 생기면서 오른쪽에서 왼쪽으로 동영상의

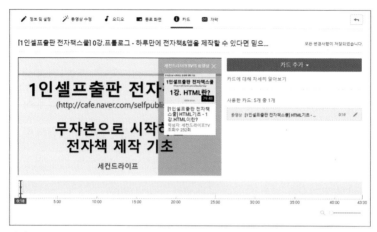

영상의 카드 설정

소개가 펼쳐지는 텍스트 형태의 안내 링크이다. 현재 내 동영상을 시청하고 있는 도중에 영상에서 설명하는 것 외에 다른 적당한 동영상이 있을 경우 추천 동영상으로 노출시킬 수 있다. 동영상 시청 중에 카드 내용이 펼쳐지면서 해당 동영상을 추천하는 경우 대부분의 사람은 그 내용에 관심을 가지게 되고 자연스럽게 해당 동영상으로 유도할 수 있다. 엔드스크린처럼 카드 기능도 다른 채널로의 이동을 막고 내 채널의 동영상을 계속 시청하게 하는 중요한 기능이므로 반드시 설정해 두도록 하자. 카드 기능도 크리에이터 스튜디오에서 설정할 수 있는데, 동영상의 수정을 클릭하여 카드 탭으로 이동한 후 카드추가를 선택하여 카드를 적용할 수 있다.

자막 만들기

자막은 보통 영상 편집 프로그램을 통해서 영상에 추가한 후에 영상만을 유튜브에 올리는 경우가 대부분이다. 하지만 유튜브에 있어서 자막의 중요한 역할 부분이 있는데 바로 자동 번역 기능을 제공한다는 것이다. 내 영상의 자막은 한국어로 되어 있지만 만약 해외 유저에게 내 영상을 영어 자막으로 보여주고자 할 경우에는 어떻게 하면 좋을까? 이 경우에는 2가지 방법이 있는데 첫 번째는 다음 페이지와 같이 직접 자막 탭에서 영어자막을 직접 제작하는 것이다. '해외 유저에게 보여주고 싶으면 영상 편집 프로그램에서도 이미 영어로 넣어서 작업하면 되는데 뭐가 중요한거지'라고 얘기할 수 있지만 중요한 것은 두 번째이다. 바로

영상 자막 제작

'직접 유튜브에서 입력한 자막은 유튜브의 번역 기능을 통해 자동 외국어 자막 출력 설정이 가능하다'는 것이다.

유튜브 영상을 시청하다보면 자막을 선택할 수 있는 영상이 있고 자막을 선택하면 아래와 같이 자동번역을 선택하여 자막을 넣을 수 있다. 바로 이 기능을 사용하여 비록 내 동영상이 한국어로 제작된 동영상이라고 할지라도 해외 유저에게 자동번역 자막을 제공하여 시청할 수 있도록 할 수 있다. 이 기능은 유튜브에서 직접 자막을 제작했을 경우에만 지원되는 기능이기 때문에 자막 제작을 직접 크리에이터 스튜디어의 자막 탭에서 자막을 추가해주어야 한다. 그 이후에는 자동번역 기능을 통해 해외 유저에게도 자막을 통해 내 동영상을 시청할 수 있도록 해준다.

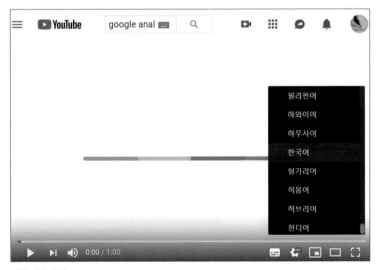

자동 자막 설정

따라서 만약 해외 유저에게까지도 내 동영상을 노출시키고 싶다면 이 자막 기능을 활용하면 된다.

모든 유튜버가 내 유튜브 채널이 검색에 잘 노출되기를 원할 것이다. 더군다나 제목을 잘 정하는 방법까지 모른다면 당신의 영상은 유튜브에서 검색조차 되지 않고 다른 영상들에 밀려서 제일 하단에서 맴돌고 있을 것이다. 그렇다면 내 영상이 검색에서 잘 노출되게 하려면 어떻게 해야 할까? 바로 '제목에 키워드를 넣는 것'이다. 키워드는 모든 SNS에서 중요하다. 블로그부터 인스타그램, 페이스북까지 모든 SNS 활동의 중심에는 키워드가 우선시 되어야 한다. 물론 콘텐츠가 아닌 키워드만을 맹신하면 안되지만 검색이 잘되게 하려면 역시 키워드를 제대로 분석해야 하는 것은 기본중의 기본이다.

채널 분석으로
내 채널의 팬층 파악하기

내 채널 분석하기

채널이 어느정도 성장하게 되면 유튜브 채널 내에서 통계자료를 볼 수 있다. 시청 시간 및 트래픽 소스까지 상당히 상세하게 내 채널을 분석할 수 있기 때문에 유튜브의 통계 자료를 분서하는 것은 상당히 중요하다. 아래는 유튜브 스튜디오 베타에서 본 통계자료이다. 현재 유튜브의 동영상 수정 및 편집을 담당하는 스튜디오는 크리에이터 스튜디오와 스튜디오 베타로 구분되는데, 현재 시점에서는 여전히 크리에이터 스튜디오가 활용성이 높다. 하지만 통계 분석의 경우에는 스튜디오 베타가 보다 직관적이고 분석하기 좋도록 통계 자료를 제공하고 있으므로 통계 분석 시에는 스튜디오 베타를 사용하도록 하자. 사용자 도달범위에서는 트래픽의 소스 유형이라던지 노출도 및 노출도가 시청시간에 미치는 영향 등을 분석할 수 있다. 이를 통해 현재 내 동영상을 어떻게 검색하여 보고 있는지 또는 외부에서는 어떤 소스를 통해 유입되고 있는지에 대한 파악이 가능하다.

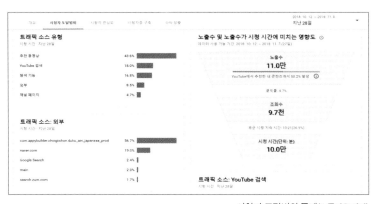

시청자 도달범위 통계(스튜디오 베타)

시청자층 구독 탭에서는 구독자 시청 시간, 시청 국가, 성별, 연령 등을 파악할 수 있다. 구독자의 시청 시간이나 성별, 연령 부분을 파악해 보면 내 동영상이 어떤 연령대에서 인기가 좋은지 남성이 좋아하는지 여성이 좋아하는지 등에 대해 파악할 수 있다.

이러한 채널 분석을 통해 당신의 채널을 어떤 방향으로 운영할 것인지 또한 기존 구독자가 아닌 신규 시청자를 대상으로 어떤 영상을 제작하면 좋을지에 대한 아이디어도 생각해 볼 수 있을 것이다.

시청자층 구독 통계(스튜디오 베타)

SNS 적극 활용하기

초기에 유튜브 채널을 생성하고 동영상을 올렸다고 하면 시청자 수가 미미할 것이다. 아예 조회 수가 없는 때도 있는데 이럴 때 실망하지 말고 현재 본인이 운영하는 SNS에 알리면 된다. SNS 계정 하나 정도 운영하지 않는 이는 없을 것이다. 페이스북, 인스타그램, 카카오스토리 등에 당신이 올린 유튜브 영상을 공유하기 바란다. 적어도 SNS 채널의 지인은 당신이 올린 동영상에 반응할 것이고 유튜브 영상을 시청할 것이다. 유튜브의 내부 알고리즘을 알 수는 없지만 일단 조회 수가 상승하면 서서히 다른 일반 사용자에게도 노출되는 방식이다. 조회 수가 늘어날수록 그만큼 더 많은 시청자에게 당신의 동영상이 뜰 것이고 조회 수가 더 늘 것이다.

그러면 이제 당신의 채널을 본격적으로 꾸밀 때이다. 채널아트도 꾸미고 채널아이콘도 넣어서 꾸민다. 크리에이터 스튜디오로 동영상 편집하는 기법, 섬네일 삽입하는 방법, 카드 만드는 법 등으로 시청자를 모으면 된다. 처음부터 기능을 다 배우지 않고 하나씩 천천히 적용하는 것을 권장한다. 어차피 최근에는 유튜브 채널 수익 창출 기준이 까다로워졌으므로 여유를 가지고 운영하기를 추천한다.

유튜브 활용이 어렵다면 이렇게 해볼 것

그래도 일단 올려라

유튜브 채널을 처음 만드는 사람은 무엇을 올려야 할지 무척 난감해한다. 일단 채널까지는 만들었는데 어떤 동영상을 올려야 할지 모른다. 채널아트와 채널아이콘까지 만들었다면 어떤 채널을 만들 것인지도 계획했을 것이다. 하지만 아직 그런 생각 자체를 하지 못하고 있다면 무작정 올려보는 것도 좋다. 채널아트나 채널아이콘 제작에 자신이 없다면 조금은 천천히 만들어도 상관없다. 일단은 겁을 내지 말고 올려야 한다.

처음으로 자신의 동영상을 유튜브에 올릴 때 상당한 용기가 필요하다. '과연 내가 올리는 동영상을 누가 보기는 할까?'라는 생각으로 주저하면 안 된다. 나의 일상이나 생각에 동조하는 사람이 분명히 존재한다.

내가 동영상을 올려서 단 1명이라도 누군가에게 도움이 된다고 한다면 동영상을 올리기 바란다. 1명이 2명이 되고 2명이 4명이 되고 4명이 8명, 차후에는 100명 1000명 10000명까지도 시청하게 될 것이다. 이것은 지금 이 글을 쓰고 있는 필자의 경험담이다. 당신이 가지고 있는 일상 이야기나 내가 자신 있게 누군가에게 알려줄 수 있는 콘텐츠라면 주저하지 말고 올려보자.

신상 노출이 두려우면 살짝 숨겨라

유튜브에 본인의 얼굴을 드러내고 싶어 하지 않는 사람도 있다. 이러면 굳이 본인의 얼굴을 공개하면서 동영상을 촬영하지 않아도 된다. 유튜브 동영상을 보면 얼굴이 나오지 않게 각도를 얼굴 아래로 내려서 동영

더쿠애니 일본어 회화 강의 영상

상을 촬영하기도 하고 아예 컴퓨터의 화면만으로 촬영을 하는 사람도 있다. 그리고 일단 사진이나 동영상에 자막만을 씌워서 올리기도 한다. 이처럼 유튜브 콘텐츠라고 해서 모든 이가 얼굴을 공개하고 동영상을 찍을 필요는 없다. 본인만이 가진 비결을 공개하거나 강의하는 영상을 만들 때 컴퓨터 녹화를 해보라. 상당히 편하게 동영상을 녹화할 수 있고 부담 없이 유튜브에 등록할 수 있다. 필자도 현재 유튜브에 공개된 영상 대부분을 데스크탑 컴퓨터의 화면을 녹화하여 올린다.

유튜브 또한 지구력 싸움이다

취미로 시작한 유튜브 채널을 수익 창출까지 생각한다면 더욱 더 느긋한 마음으로 채널을 운영해야 한다. 수익만을 위해서 유튜브 채널을 운영하려고 했다면 얼마 가지 않아 동영상을 제작하고 올리는 데 지칠 것이다. 운영하는 목적이 무엇인지, 나는 왜 유튜브를 하고 있는 지를 깊이 고려한 후 채널을 운영해야 한다. 다른 이들에게 조금이라도 도움이 되는 콘텐츠에 초점을 맞추고 꾸준히 하다 보면 1년 뒤에는 구독자가 늘고 수익 창출 채널로 성장할 수도 있다. 그때까지 1주일에 하나씩이라도 동영상을 등록하며 관리하기를 권장한다. 다른 SNS도 마찬가지이지만 유튜브도 지구력을 가지고 운영하지 않으면 순식간에 조회 수가 하락하고 구독자가 이탈할 수 있다.

활용하면 유용한
동영상 편집 툴

도구 선정하기

유튜브 영상을 잘 만들고 싶다면 어떻게 해야 할까? 요즘은 좋은 무료 영상 제작 도구가 많으므로 그중에서 하나를 골라서 익숙해질 때까지 써보면 된다. 스마트폰에서도 무료 영상 편집 도구가 많아서 필자도 종종 애용한다. 처음 시작하는 유튜버가 군이 비싸고 기능이 많은 편집 도구를 사용하지 않아도 된다. 전문적으로 필요성이 생기면 그때 전문 영상 편집 도구를 구매해도 늦지 않다. 영상의 구도나 영상 촬영을 위한 디지털 카메라Digital Single Lens Reflex 등의 도구를 소개하는 책이 있지만 처음 시작하는 유튜버에게는 그다지 필요하지 않다. 전문적으로 유튜브 채널을 운영할 생각이 아니라면 시작은 컴퓨터와 스마트폰 하나면 된다. 이 책에서 소개하는 무료 프로그램을 활용해도 충분히 유튜브 영상을 제작할 수 있으니 처음부터 고가의 장비를 사서 유튜브 동영상을 제작하겠다는 생각은 접어두자.

영상 편집을 잘하는 방법

영상 편집 도구는 스마트폰과 데스크탑 컴퓨터에서 사용하는 도구로 나눌 수 있다. 먼저 스마트폰에서 활용 가능한 무료 영상 편집 도구는 어떤 것이 있는지 살펴보자.

📶 스마트폰 영상 편집 도구

스마트폰에도 안드로이드와 아이폰 2가지 종류가 있다. 아이폰에서

아이폰 영상편집 프로그램 - 아이무비, 클립스, 스플라이스

사용할 수 있는 무료 동영상 편집 프로그램은 '아이무비', '클립스', '스플라이스'를 추천한다. 모두 아이폰에서 제공하는 무료 동영상 편집 프로그램으로 유튜브 동영상을 처음 제작하는 사람에게 유용한 애플리케이션이다.

안드로이드 계열에는 수많은 무료 동영상 편집 도구가 있다. 그중에서 자주 사용하는 무료 동영상 편집 도구는 퀵Quik과 파워 디렉터 애플리케이션이다. 퀵은 아주 간단하게 사진으로 멋진 동영상을 제작할 수 있다. 자막을 넣기도 쉽고 미리 지정된 효과가 있으므로 사진과 효과 선택만 하면 멋진 동영상이 된다. 파워 디렉터는 무료 버전이라도 기본적인 동영상 편집에는 전혀 문제가 없다. 간혹 어떤 필터는 애플리케이션 안에서 구매해야 한다. 파워 디렉터는 일반적인 컴퓨터용 영상 편집처럼 타임라인 기반의 편집이 가능하다. 자막과 효과가 기본 버전이라도 잘 되어 있으므로 처음 동영상을 제작하는 사용자라도 빠르게 훌륭한 영상을 만들 수 있다.

전문적으로 동영상을 만들기 위해서는 키네마스터를 추천한다. 키네마스터는 이동 통신 기기에서 전문적으로 동영상을 제작하는 유튜버에게 필수인 편집 도구이다. 무료 버전에서는 키네마스터 워터마크가 나오며 유료로 구매하면 워터마크가 사라진다. 하지만 무료 버전이라도 워터마크가 많이 거슬리지 않는다면 계속 사용할 수 있다.

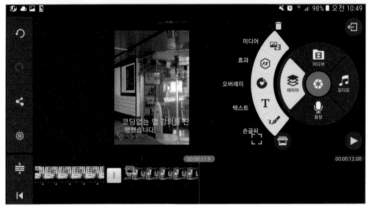

안드로이드 영상 편집 프로그램-퀵(Quik), 파워디렉터, 키네마스터

☞ 데스크톱 컴퓨터 영상 편집 도구

주로 전문가 수준의 영상 편집자가 사용하는 컴퓨터용 영상 편집 도구는 '어도비 프리미어 프로'이다. 그 외에 '소니 베가스', '파워 디렉터' 등도 사용한다. 보통 월정액으로 구매하거나 비싸게 구매해야 하므로 유튜브 영상을 처음 제작하는 초보자에게는 추천하지 않는다. 무료 버전으로 사용할 수 있는 영상 편집 도구는 '무비 메이커'나 '곰믹스'가 있다.

그런데 무비 메이커나 곰믹스는 타임라인이 1개밖에 없어서 영상 편집에 한계가 있다. '뱁믹스'라는 프로그램도 있는데 이 프로그램의 강점은 풍부한 예능 자막이다. 무료로는 기본 자막밖에 사용할 수 없어서 예능 자막을 사용하려면 유료로 구매해야 한다.

전문가가 쓸 만한 기능을 초보자도 사용하기 쉬운 영상 편집 프로그램을 사용하고 싶다면 파워 디렉터를 추천한다. 전문가 수준의 영상 편집 프로그램임에도 불구하고 비교적 저렴한 가격에 사용할 수 있다. 초보자 수준에서는 기본적인 기능만을 익혀도 프리미어나 베가스 못지않은 영상을 제작할 수 있으니 본격적으로 영상 편집을 해보고 싶다면 활용해보기 바란다.

부록 1

SNS 마케팅 도구:
사진을 쉽게 편집할 수 있는
애플리케이션

SNS에서 사진의 중요성, 뭔가 있어 보이는 사진 한 장

나의 개성을 직관적으로 나타낼 수 있는 가장 좋은 수단은 단연 사진이다. SNS 소통이 보편화되면서 사진은 나를 표현하는 방식이 되었다. 인스타그램만 하더라도 사진이나 이미지가 없으면 글을 남길 수 없다. 일상에서 조금이라도 남보다 나은 점이 있는 나를 SNS에서 보여주기 위한 방식으로 사진을 많이 이용한다. '나스미디어 2018 리포트'의 다운로드 애플리케이션 유형에서 보면, 쇼핑/게임/금융에 이어 사진/카메라 애플리케이션을 10대와 20대와 여성이 가장 많이 내려 받는다.

사진을 쉽게 편집할 수 있는 애플리케이션

　📶 유료이지만 인기 있는 사진 애플리케이션

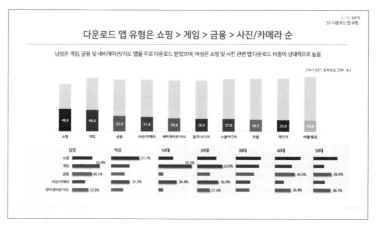

나스미디어 NPR 2018 인터넷 이용자 조사

아이폰 앱스토어 유료 순위를 보면 오디너리팩토리 인코퍼레이션 Ordinaryfactory Inc.의 사진 애플리케이션 아날로그Analog 시리즈 4가지는 항상 상위에 있다. 그 정도로 사진 애플리케이션은 관심도가 높다. '아 날로그 파리'는 100주 전체 1위, 전 세계 26개국 사진과 비디오 1위 애 플리케이션이다. 파리 느낌의 컬러 필터로 사진을 파리에 있는 것처럼 바꿔준다. 색감을 조정하는 것만으로도 걸작이 나오니 즐겁게 만들 수 있다.

📶 상품 사진을 쉽게 편집할 수 있는 애플리케이션

상품 촬영부터 판매 관리까지, 쇼핑몰 판매자를 위한 스토어 카메라 애플리케이션은 주로 상품 촬영 및 편집에 유용하다. 만약 쇼핑몰을 운 영하고 있다면 다음의 애플리케이션을 설치하라. 아이폰과 안드로이드

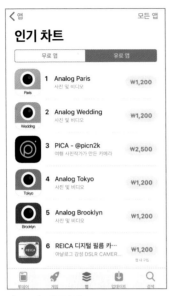

인기 차트

무료 앱	유료 앱

1 Analog Paris
사진 및 비디오 ₩1,200
Paris

2 Analog Wedding
사진 및 비디오 ₩1,200
Wedding

3 PICA - @picn2k
여행 사진작가가 만든 카메라 ₩2,500

4 Analog Tokyo
사진 및 비디오 ₩1,200
Tokyo

5 Analog Brooklyn
사진 및 비디오 ₩1,200
Brooklyn

6 REICA 디지털 필름 카···
아날로그 감성 DSLR CAMER··· ₩1,200
앱 내 구입

앱스토어 - 유료순위

폰에서 구동하며 기본적인 상품 촬영, 편집, 등록 기능은 무료이다. 상품 촬영에 특화되어 배경을 제거한 누끼 컷과 상품을 돋보이게 만드는 그림자를 만들 수 있다. 국내외의 온라인 몰에 상품을 등록하고 관리까지 할 수 있도록 2018년 9월, 상점 연동 기능을 갖추었다. 현재 한국의 카페이십사Cafe24에서 쓸 수 있고 라자다LAZADA 말레이시아 판매자 계정에서 연동할 수 있다.

스토어 카메라 애플리케이션

이 애플리케이션은 처음 쇼핑몰을 운영하는 판매자도 쉽게 사용할 수 있다. 설정하는 방법과 사진 비율도 자세하게 안내해준다. 사진을 찍은 후 실제 제품과 유사한 색상으로 조정한 값을 필터로 저장하여 다음 촬영 시 필터로 사용할 수 있다. 고급 조명시설이나 스튜디오 장비가 없더라도 원하는 상품사진을 만들 수 있다. 포토샵 같은 전문 이미지 편집프로그램 사용이 어렵다면 스토어 카메라 애플리케이션을 추천한다.

⌒ 나를 예쁘게 표현하는 셀카 애플리케이션

나를 좀 더 예쁘고 멋지게 나타내기 위해 셀카를 잘 찍는 것도 중요하지만 셀카를 찍고 난 후에 애플리케이션을 활용하여 꾸미는 방법도 있다. 아이폰에서는 자연광에서 아이폰 기본 카메라 촬영 후 자체 보정만

셀카 전용 애플리케이션

217

으로도 선명하게 나온다. 하지만 사실적으로 나온다는 장점이자 단점이 있다. 이를 보완해 줄 애플리케이션을 소개한다.

네이버의 자회사, 스노우 사의 셀카 애플리케이션이 있다. 스노우 SNOW는 밝은 조명일 때 더 예쁘게 나오고 스티커가 있어 재미있게 셀카를 찍을 수 있으며 뷰티 기능을 활용하면 얼굴이 성형한 듯 나와서 포토샵에서 수정할 필요가 없다. 푸디Foodie 애플리케이션은 색감 보정할 때 주로 사용하며 필터가 매우 다양하다. 소다SODA에는 스노우와 푸디에서 잘나가는 필터와 예쁘게 만드는 기능만 있어 기능 찾기가 수월하다.

스노우, 소다, 푸디 미리보기

📶 얼굴 보정 애플리케이션

메이크업플러스MakeUpPlus는 화장을 하지 않은 얼굴도 화장한 모습으로 만들어주고 뷰티플러스BeautyPlus 애플리케이션은 마치 성형을 한 듯이 보정하는 기능이 있어 인기를 얻었다. 연예인 같은 사진을 원한다면 메이크업플러스 애플리케이션을 추천한다. 뷰티플러스는 얼굴을 자동으로 인식하여 자동으로 보정을 해주지만 보기에 따라서는 자연스럽지 않을 수도 있다. 애플리케이션 안에서 결제하면 턱/얼굴 너비/눈 간격/눈 크기/눈꼬리/코 줄임/입술 도톰하게 등을 추가로 변경 가능하다. 남이 찍은 사진의 색감을 보정할 때 많이 사용한다.

메이크업 플러스, 뷰티 플러스 미리보기

📶 화장하지 않았지만 두렵지 않다, 셀카 애플리케이션

매번 찍고 수정을 할 수는 없으니 어느 정도 설정을 한 뒤 사용하면 좋은 애플리케이션이 피투Pitu이다. 애매한 사진도 티 안 나게 바꿀 수 있으며 화장 콘셉트도 선택할 수 있다. 후기 중에는 '맨날 셀카를 찍으면 눈썹이 사라지는데, 이 애플리케이션을 사용하면 포토샵에서 조정하지 않아도 될 정도'라고 쓴 글이 있다.

피투 미리보기

📶 셀카 자세도 제안해주는 애플리케이션

셀카를 찍다 보면 매번 같은 모습을 사진첩 내에 수북하게 쌓는다. SNS에 올리는 사진도 다른 모습으로 찍는다고 해도 배경은 다르지만 같은 자세로 찍은 사진이 나올 수밖에 없다. 모델이라면 어디서든 표정과 자세를 취할 수 있지만 일반인이라면 아무래도 어려움이 있지 않을까?

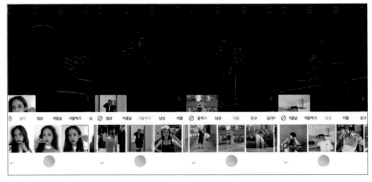

유라이크 자세 모드

이런 고민을 날려주는 애플리케이션이 바로 유라이크^{Ulike}다.

유라이크는 셀카를 찍을 때의 자세를 제안해주는 기능이 있다. 마치 모델이 사진을 찍을 때 사진작가가 언급해주는 것처럼 미리 알려준다. 후기도 대체로 만족스럽다든지 정말 좋아서 댓글 처음 남긴다고 할 정도로 평가가 좋고 평점도 5점 만점에 4.8이다. 이미 다른 애플리케이션에 있는 보정 기능에 자세, 표정까지도 제안을 해주니까 효과 만점이다.

📡 사진을 더 재미있게 예쁘게 꾸미는 애플리케이션

나만의 스티커로 꾸밀 수 있는 라인카메라^{LineCamera}를 이용해보자. 사진을 찍었는데 밋밋하거나 찍어두었던 사진을 다시 열어 봤더니 스티커를 붙이거나 글자를 넣고 싶은 순간

이 있다. 붙인 스티커나 폰트도 깨지지 않고 자유롭게 꾸밀 수 있는 애플리케이션으로 라인 카메라를 추천한다. 감정을 표현하는 그림 문자를 골라 내용을 입력하거나 글꼴, 색, 윤곽선 색도 골라서 글자에 감성을 담아 표현할 수 있다. 무료 스티커가 5000종 이상, 글꼴도 100종 이상이라 꾸미기 충분하고 내가 그린 그림이나 자주 쓰는 메시지를 스티커로 만들

라인카메라 미리보기

수 있다. 사진 중에 마음에 드는 부분만 잘라내서 스티커로 사용할 수 있다. SNS 썸네일을 만들 때 사용하면 좋다.

☞ 초상권 문제에 휩싸이지 않으려면 화면 모자이크와 흐리기는 필수

때로는 사진을 찍다 보면 나만 나오거나 내가 찍으려고 생각한 부분만 나왔으면 좋겠지만 그렇지 않을 때도 많다. 모자이크나 흐리게 하는 효과를 활용해서 신상을 보호한다.

☞ 사생활 보호를 위해서 화면 흐리게 하기와 모자이크

흐리게 하기와 모자이크 기능을 특화한 애플리케이션이 있다. 이름도 딱 우리가 원하는 효과를 반영한 애플리케이션 '흐림 및 모자이크'이다. 아이폰과 안드로이드 환경에서 프로그램을 개발한 업체가 다를 수

흐림과 모자이크 애플리케이션

있지만 사용하기 쉽다. 손가락으로 원하는 곳을 짚어서 흐리게 만들 수
도 있고 모자이크 종류도 여러 가지다. 흐림의 두께와 강도를 4단계로
선택할 수 있다.

⋒ 흐림 효과를 위한 애플리케이션

포인트블러PoinrBlur라는 애플리케이션도 흐림 효과에 특화된 애플리
케이션이다. 초상권이 걱정될 때 이 애플리케이션은 기능이 간편하므
로 어렵지 않게 사용할 수 있다. 흐리기 효과만 있는 것은 아니고 사진

포인트 블러 플레이스토어 미리보기

애플리케이션의 기본인 명암 조절 같은 기능도 있다. 흐리기 효과를 잘 활용하면 찍고 싶은 대상만 초점을 맞추어 뚜렷하게 하고 나머지는 희미하게 나오는 멋진 사진도 만들 수 있다.

📡 포토샵의 도장 도구처럼 활용 가능한 매직펜을 가진 포토 원더

아이폰과 안드로이드 둘 다에서 사용 가능한 포토 원더PhotoWonder는 포토샵과 같은 기능이 있다. 매직펜 기능을 꼭 써보자. 자연스럽게 워터 마크를 없앨 수도 있다. 예를 들면 배경에 찍힌 사람만 없으면 진짜 인생

포토 원더 플레이스토어 미리보기

최고 장면이 나올 수 있을 텐데 싶을 때는 그 부분도 지울 수 있다. 포토 원더 애플리케이션으로 잘 나온 한 장 한번 만들어 보는 것은 어떨까?

인생 사진은 애플리케이션과 함께

📶 날씨도 내 맘대로, 피크닉

시간 내서 여행을 갔는데 날씨가 나쁘다면 아무리 사진을 찍어도 그 도시의 감성을 담기 어렵다. 하지만 컴퓨터 프로그램 알 시리즈로 유명한 이스트소프트ESTsoft의 무료 풍경 전용 애플리케이션인 피크닉PICNIC 애플리케이션만 있다면 원하는 감성으로 사진을 만들어 낼 수 있다. 날씨가 좋아 보이게 배경을 바꿔준다. 필터로 색상을 자연스럽게 농도 조절을 해서 자연스러운 사진 연출이 가능하다. 광량과 구름 조정으로 사진에 내가 담고 싶은 감성을 넣는다. 예를 들면 노을이 지는 느낌이나 눈이 오는 느낌, 영화 〈라라랜드〉처럼 탈바꿈해준다. 없던 별이나 무지

피크닉 필터로 감성 사진 만들기

개도 만들 수 있다. 휴대폰으로 찍은 사진도 작가의 사진처럼 바뀐다.

아날로그의 감성을 담아 필름 카메라로 찍은 사진 같은 애플리케이션

📶 휴대폰 카메라이지만 필름 카메라 감성을 담다

휴대폰으로 사진을 찍다 보면 필름 카메라가 찍은 사진처럼 나왔으면 좋겠다는 생각을 한다. 그런데 옛날 감성을 느끼며 찍을 수 있는 필름 카메라 애플리케이션이 있다. 대체로 뷰 파인더처럼 보여 필름 카메라가 찍은 느낌이 살아난다. 구닥Gudak 애플리케이션은 앱 스토어, 플레이 스토어 모두 유료이다. 한 번에 24장을 찍을 수 있고 72시간 이후 사진이 온다. 과거에 사진관에 필름을 맡기고 인화를 기다리는 기분이다.

며칠을 기다린다는 점이 신선하지만 후지Huji 애플리케이션은 무료이며 바로 확인할 수 있다. 구닥으로 찍으면 마치 코닥 필름으로 찍은 듯하다면, 후지는 후지 필름으로 찍은 듯한 색감으로 표현되므로 두 애플리케이션 각각 장·단점이 있다.

구닥, 후지 미리보기

다른 애플리케이션으로 리어카Rearca가 있다. 리어카는 사용하기에 간편하지만 무료 버전에서는 워터 마크가 자동으로 들어간다. 구닥이나 후지 애플리케이션과 느낌이 다른 필름 카메라 애플리케이션이다. 필름 카메라 애플리케이션은 조금이라도 비용을 내야 한다.

리어카 사용 설명

아이폰 사용자를 위한 유료 필름 카메라 애플리케이션은 필카 디Feelca D, 필카 티Feelca T, 필카 씨Feelca C, 필카 비Feelca B의 필름 카메라 시리즈로 수동으로 초점을 맞춘다. 데일리 사진, 텅스텐 사진, 색채 렌즈 필터를 교환한 사진도 만들 수 있다. 흑백사진으로, 필름 카메라 느낌이 나면서 따뜻한 노란 계열, 세련된 푸른 색감 등으로 다양하게 연출할 수 있다.

아날로그 시리즈와 @picn2k camera(피크닉카메라) 애플리케이션
은 5위권 안에 들 정도로 유료 애플리케이션으로는 아주 탁월하여 아이
폰 사용자 사이에서 유명하다. 유료이지만 가장 젊은 오늘을 잘 담아주
고 내 감성을 담을 수 있다면 구매할 수 있지 않을까?

아날로그 시리즈는 아날로그 파리 애플리케이션이 제일 유명하다.
분홍과 보라의 파스텔 색조로 벚꽃, 하늘, 풍경, 사물 표현에 많은 사용
자가 애용한다. 도시 감성을 담은 필터가 있어 서울은 채도가 높아 쨍하

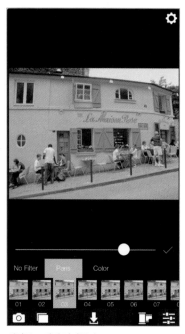

아날로그 파리 미리보기

@picn2k camera 미리보기

면서도 튀는 색감이고 제주는 푸르른 감성을 담는다. 도쿄는 풍경이 잘 나오며 밝고 은은하다. 웨딩은 연분홍에 뽀얗게 나오면서도 차분한 느낌의 필터로 특히 셀카가 잘 나온다. 얼굴을 파우더로 보정을 해준 듯이 나온다.

@picn2k camera는 최근 사진과 아티스트의 합성어인 PICA였다가 사진작가의 인스타그램 아이디에 카메라를 붙인 이름으로 바뀌었다. 여행의 감동을 담아 만든 애플리케이션인데 처음 구매 시에는 비용을 결제하지만, 필터는 무료로 갱신된다고 하니 한번 결제할 만하다. 테마 필터, 완성형 필터가 많고 농도 조절이 가능하니 사진마다 어울리는 색감에 맞춰 분위기를 바꿀 수 있다. 여기에 노이즈를 주면 한층 다르게 보정 설정값이 나오므로 다음 번 사용 시 참고하면 된다. 새로운 장소를 탐색하기 좋아하는 여행자를 위하여 작가가 뽑은 장소도 공개한다고 하니 인스타그램에서(@picn2k) 작가의 사진을 감상하고 나서 애플리케이션을 선택해도 좋을 것이다.

브이로거를 위한
영상 편집 애플리케이션

📶 쉽다, 빠르다, 서식에다 넣기만 하자, 멸치

특별한 영상을 만들고 싶지만 어떤 도구로 영상을 만들어야 할지 전혀 모르겠다면 멸치 애플리케이션을 추천한다. 쉽고 빠르게 영상 제작, 영상 편집, 사진 편집, 기념일/행사 영상을 만들 수 있는 애플리케이션이다. 서식이 있어서 거기에 맞게 끼워 넣으면 된다.

📶 쉽게 꾸밀 수 있는 브이엘엘오VLLO

움직이는 스티커가 있는 사진, 동영상도 쉽고 재미있게 편집이 가능한 애플리케이션이 있다. 바로 브이엘엘오이다. 기본적으로 동영상, 오디오 편집을 할 수 있고 움직임 스티커와 문구를 제공한다. 화면 비율도

멀치 플레이스토어 미리보기

브이엘엘오 미리보기

정사각형 1:1, 세로형 9:16, 가로형 16:9 등 비율 변경이 가능하다.

☞ 전문가 수준의 키네마스터

키네마스터KineMaster는 전문가 수준의 편집기능을 갖춘 동영상 편집 애플리케이션이다. 여러 단계로 영상, 오디오, 이미지, 글에 효과를 넣고 프레임을 정밀하게 조작할 수 있다. 상세 볼륨 조정도 가능하다. 데스크탑 컴퓨터 버전으로 동영상 편집을 한 경험이 있다면 편하고 간단하게 사용하기 좋다.

키네마스터 미리보기

☞ 무료지만 이 정도면 기능 좋고 만족스러움, 스플라이스Splice

아이폰만 가능한 스플라이스는 무료인 데다 아웃트로를 끄면 워터마크도 안 나오는 애플리케이션이다. 영상 편집 기능을 사용할 수 있으므로 적극적으로 추천한다. 단계 별로 애플리케이션 내에서 편집하다가 저장하고 나중에 편집할 수 있어 데스크탑 컴퓨터에서 편집하듯 편리하게 작업할 수 있다. 컨벤 효과로 사진을 영상처럼 움직이는 작업도 할 수 있다. 큰 효과 없이 깔끔하게 편집만 하는 정도라면 이 애플리케이션을 사용해 보자.

스플라이스 미리보기

🛜 SNS에 인싸는 사진애플리케이션으로!

지금까지 소개한 애플리케이션은 모두 무료이면서도 아이폰과 안드로이드폰 사용자 모두가 사용할 수 있는 것들이다. 이외에도 사진을 멋지게 만들어주는 애플리케이션이 많다. 전문 카메라 효과, 인물 사진 전문, 유튜버를 위한 손쉬운 편집 애플리케이션까지 이런 도구로 스마트폰을 십분 활용할 수 있다. 사진 하나만으로도 SNS에서 활동 잘하는 사람이 되는 그날을 위하여 나에게 맞는 애플리케이션을 선택하기 바란다.

부록
2

분야별
SNS 성공 활용 사례

SNS도 우리민족이었어, 배달의민족

배달의민족 인스타그램 이미지

배달의민족은 모바일 앱 사용자 행태 분석 조사기관 와이즈앱에 따르면 배달 앱 가운데 실사용 순위, 사용자 수, 사용패턴 등 모든 면에서 1위를 차지하고 있다. '우리가 어떤 민족입니까'라는 대표 슬로건을 활용한 TV 혹은 지면광고는 물론이고 '배민 치믈리에 자격시험' 등 오프라인 기획 이벤트 등도 활발히 개최한 마케팅의 성과라 할 수 있다. 하지만 배달앱을 주로 사용하는 젊은 층들의 커뮤니케이션 장인 SNS에서 끊임없이 브랜드를 알리지 않았다면 이루어낼 수 없는 성과이다. 배달의민족에서 운영하는 인스타그램을 들여다보고 치열한 경쟁시장에서 어떻게 SNS마케팅 성과를 이루고 있는지 살펴보자.

배달의민족은 배달이 캐릭터에서부터 배달의민족 글씨체, 다양한 문구에 이르기까지 우리 생활에 밀접하게 들어와서 많은 사람들에게 친숙함으로 브랜딩되어 있다. 인스타그램에서도 다양한 콘텐츠들을 기획, 제작하여 팔로워들을 확보하고 있다. 이러한 콘텐츠들을 보면 배달의민족 팬클럽 '배짱이'가 괜히 만들어진 게 아니라는 것을 느낄 수 있다.

그중에서도 '배민라이브'는 인스타그램의 라이브 기능을 활용한 온·오프라인 동시 진행의 마케팅이다. 기업 자체를 광고 전면에 내세우는 마케팅이 아닌 젊은 층이 좋아하는 음악을 매개로 한 아티스트와의 합작이다. 길을 지나가다가 가끔 버스 정거장의 광고판에 '배민라이브'가 적힌 것을 본 적이 있을 것이다. 인스타그램의 하이라이트 기능에는 '배민라이브 신청'이라는 타이틀의 게시글을 클릭하고 들어가면 아티스트가 직접 구글 설문지로 작성하여 라이브 공연을 신청할 수 있다.

공연이 선정된 아티스트는 '배민라이브'가 적힌 버스정거장 혹은 다른 공연장에서 직접 노래하고 31.4천(314만 명)의 팔로워를 보유한 배달의민족 인스타그램 계정을 통해 라이브 중계된다. 이러한 콘텐츠는 대중에게 이름을 알리고 싶어하는 아티스트는 물론이고 젊은 층이 선호하는 길거리 음악 스타일로 브랜드를 쉽게 접하는 기회를 제공하여 기업에게도 플러스가 된다. '배민라이브'는 인스타그램의 라이브 기능을 통해 생중계되고 IGTV 영상을 통해서도 만나볼 수 있다. 아티스트들은 물론이고 이를 보는 팔로워들도 다음 아티스트 발굴을 기대하게 되는 콘텐츠라고 할 수 있다.

앞서 인스타그램에서 고객을 확보하는 방법으로 이벤트 활용에 대한 내용을 언급했었다. 배달의민족에서도 이를 퀴즈 정답 맞추기나 후기 작성 등을 통해 지속적으로 잘 활용하고 있다고 할 수 있다. 이러한 이벤트로 많은 사람들의 참여를 이끌어내고 재미를 주고 있다. 무엇보다 이벤트를 진행함에 있어서 인스타그램에 업로드 된 이미지에는 '배달이'

배민라이브(배달의민족 인스타그램 하이라이트)

캐릭터를 그려 자연스럽게 브랜드 컬러를 노출시키고 있다. 이미지가 주가 되는 인스타그램의 피드에서 배달의민족 고유의 색깔을 캐릭터로 잘 표현하고 있는 것이다.

이미지가 주는 효과로 또 하나 들 수 있는 것이 배달의민족에서 발행하는 푸드매거진 'F'(@food.magazine.f)이다. 사실 책보다는 휴대폰에 익숙한 젊은 세대들에게 잡지는 내 손으로 직접 꺼내

보기는 어색할 수 있다. 더구
나 휴대폰 하나로 더 많은 정
보를 얻을 수 있다고 생각하
는 젊은이들의 지갑을 열게
하기란 쉽지 않다. 이러한 특
성을 알아차린 듯 배달의민
족에서는 매거진의 내용을
카드뉴스 플랫폼과 매거진
의 주제인 식재료에 대한 영
상으로 매거진을 소개한다.

정보성 내용이 가득담긴 푸드 매거진

　활자가 가득 적혀 있는 책
에 손이 안 가는 젊은 층들에게도 잡지의 내용을 효과적으로 전달하여
호기심을 자극하고 잡지를 구입하고 싶은 욕구를 만든다. 이는 기존에
배달의민족 브랜드를 선호하는 사람이 아닐지라도 SNS의 특성상 광고
보다는 정보의 내용을 담고 있어 유익한 콘텐츠라고 할 수 있다.

　배달의민족은 팔로워들을 늘리는 콘텐츠는 물론이고 인스타그램의
기능 또한 십분 활용하고 있다. 인스타그램에서 대개 진행하는 타 기업
의 이벤트가 댓글, 좋아요, 언급하기 기능이었다고 한다면 배달의민족
에서는 그보다는 다양하게 시도하고 있다. 카카오에서는 배달이 이모
티콘이 출시된 것을 기념하여 사용 인증샷을 스토리에 올리도록 했다.
스토리는 해당 게시자의 팔로워 계정 상단에 노출되어 많은 사람들에게

광고되는 효과를 얻을 수 있었다.

팔로워들과의 소통도 인스타그램을 기능을 활용하여 더 효율적으로 하고 있다. 팔로워들의 진심어린 댓글에 답글을 남긴 것은 기본이고 '좋아요'를 누르면 알림 메시지가 가는 것을 이용하여 쌍방향으로 지속적인 피드백 용도로 쓰고 있다. 예를 들면 해당 게시물에 관한 내용에 관심이 있는 팔로워들은 댓글을 남기고 해당 상품 출시 또는 행사 진행시 댓글에 '좋아요'를 눌러 그 시작을 알림 표시로 쓴다. 이것은 관심 있는 팔로워들에게 특정 정보를 전달해주는 것으로서 이 메시지를 받은 고객은 자신에게 필요한 정보를 제때에 제공받아 대우받고 있다는 기분이 드는 반면에, 불필요한 정보라서 스팸광고라고 느낄 수 있는 다른 고객들로부터도 불필요한 브랜드 이미지의 손실을 막을 수 있다.

동영상이 대세인 요즈음 유튜브에서도 볼 수 있는 배민꿈나무(@baemintree) 계정을 활용한 기업 브랜딩도 눈에 띈다. 그동안 참신한 마케팅과 재밌는 콘텐츠로 화제를 불러모았던 배달의민족은 마케터들이 그 마케팅 과정 자체에도 관심을 갖는 것을 착안하여 동영상으로 브랜딩실의 회사생활 모습, 제품 마케팅 기획 디자인 과정 등을 공개하고 있다. 누구나 자유롭게 의견을 말할 수 있는 회사의 분위기와 배달의민족만이 가지고 있는 창의성이 동영상에 고스란히 담겨 있어 고객들에게 긍정적인 브랜드 이미지를 주기에 충분하다.

이밖에도 배달의민족은 인스타그램을 활용하여 다양한 자체 브랜드를 마케팅하고 있다. 배달의민족만이 보여줄 수 있는 참신한 재미와 위트있는 문구가 적힌 생활용품도 많은 사람들에게 사랑받고 있는데, 이러한 상품은 배민문방구 @baemin_store에서 판매하고 있다. 음식점 대표님들의 관심을 끌 배달비품 전문 쇼핑몰도 운영하고 있는데, 이는 배민상회 @baeminmart 계정에서 볼 수 있다. 아직 이 두 계정에는 팔로워들이 많지 않지만 배달의민족 공식 계정 @baemin_official 프로필 언급하기 기능을 통해서 직접 들어갈 수 있어 사실 공식 계정의 팔로워 31.4천(314만)명을 잠재 고객으로 확보하고 있는 셈이다.

이렇게 브랜드별로 각각의 인스타그램을 운영하여 피드를 일관성 있게 관리할 수 있어 깔끔한 이미지를 주고 해당 정보를 쉽게 얻을 수 있다는 장점을 가지면서도 공식 계정의 팔로워를 자사 브랜드의 고객으로 연결할 수 있는 통합마케팅은 주목할 만하다.

SNS로 제2의 전성기,
옥주부 정종철

옥주부 정종철의 인스타그램 일부

연예인도 인플루언서가 되기 위해 SNS를 한다는 말이 있을 정도로 인플루언서의 영향력은 막강해졌다. 2000년대 초반 인기를 누렸던 옥동자로 유명했던 개그맨 정종철은 요즈음 옥주부라는 이름으로 SNS에서 활동하고 있다. SNS에서 그때의 인기를 다시 한 번 누리고 있는 셈이다.

그의 인스타그램을 보면 요리에

대한 열정을 느낄 수 있다. 옥주부키
친이라는 콘셉트로 집에서 가족들과
함께 먹는 요리들의 레시피를 팔로
워들에게 공개하고 있다. 처음에는
취미로 올리던 요리 레시피가 팔로
워들의 관심을 받으며 SNS를 운영하
는 중요한 콘텐츠가 되었다. 현재는
팔로워들과 정확한 정보를 공유하기
위해 집에서 혼자 만드는 레시피가
아니라 계량기로 직접 정량을 측정

옥주부 정종철의 유튜브 채널

하며 레시피를 적는다. #기냥따라해라고 말하는 #옥주부레시피에 얼마
나 공을 들이는지 알 수 있다.

그는 사진으로 검색결과를 보여주는 인스타그램에서 사진이 중요한
만큼 자신이 만든 요리 하나하나에도 정성을 들여 사진을 찍는다. 정갈
하게 담아낸 음식 사진이 더욱 식욕을 자극하여 그의 레시피를 따라해
보고 싶은 마음이 절로 생긴다. 요리 레시피뿐만 아니라 서점에 들러 요
리책 코너에서 머무는 모습, 주방을 깨끗이 청소하는 모습 등 요리에 대
한 그의 애정을 느낄 수 있는 사진들이 옥주부키친이라는 브랜드가 나
오는 데에 손색이 없다는 생각이 들게 한다.

138천 명(13만8천 명)의 팔로워를 보유한 그가 일일이 피드의 댓글에 답
을 달아줄 수는 없지만 팔로워들이 요청하는 요리의 레시피를 직접 만들

어보고 공유한다. 요리 레시피 하나로도 팔로워들과 소통하는 모습이 보인다. 또한 더 많은 사람과 공유하기를 원하는 요리 전문가인 팔로워들에게서도 추천 레시피를 제공받아 직접 만들어보고 알려주기도 한다.

그의 팔로워들과 소통하는 모습은 '옥디방'을 진행하는 데에서도 느낄 수 있다. 자신의 닉네임을 딴 'OK DJ LIVE오케이 디제이 라이브'의 준말로 인스타그램의 라이브 방송 기능을 활용한 팔로워들과의 만남이다. 실제 라디오 방송처럼 신청 음악도 들려주는 옥디방은 이미 많은 사람들이 그 시간을 기다릴 정도로 인기를 얻고 있다. IGTV와 유튜브를 통해서도 요리 레시피와 주방 조리 기구 리뷰 등을 영상으로 촬영하여 공유한다. SNS에서 공중파 방송 못지 않은 옥주부 키친이라는 자신의 이름을 건 하나의 채널을 만들어낸 셈이다.

그의 요리에 대한 SNS 콘텐츠들은 옥주부라는 하나의 브랜드가 되었고 이를 바탕으로 그의 이름을 딴 요리제품이 홈쇼핑에서도 인기 상품이 되어 판매되고 있다. 뿐만 아니라 요리에 관심을 갖고 하다가 자신이 만든 도마를 갖고 싶은 마음에 배우기 시작했다는 목공 기술은 옥주부 불도장을 새긴 도마로 판매 중이다. 엔드그레인도마, 베인스우드의 퀄리티에 반하여 똑같은 도마를 만들기 위해 해외 자료까지 찾아보는 등의 노력을 했다는 그이기에 많은 팔로워들의 구매 욕구를 더욱 자극한다. 현재 네이버 스마트스토어에서 판매되고 있는 그가 만든 냄비받침, 도마는 1분 만에 매진될 정도로 없어서 못 사는 제품이 되었다. 그의 핸드메이드 제품을 인기리에 판매하기까지 SNS에서 꾸준히 자신의 콘텐츠를 쌓아오지 않았다면 불가능했을 결과이다.

SNS로 시민과 가까워지는 문경시청

SNS 마케팅이 시대의 트렌드로 자리 잡았듯, 최근 지방자치 단체들에서도 지역 홍보를 위한 SNS 운영이 활발하다. 다양한 SNS채널을 통해 지역의 행사 소식, 관광 명소, 먹거리 등을 효과적으로 소개한다. 그중에서도 문경시의 페이스북 페이지는 타 지방자치 단체에서 운영하는 기존의 딱딱한 이미지를 탈피하고 소위 말하는 '핵인싸' SNS로 많은 팔로워를 보유하고 있다.

문경시청 페이스북 페이지에 들어가면 가장 먼저 커버 이미지가 눈에 들어온다. 어느 지방자치 단체의 운영 목적과 동일하게 문경시를 소개할 수 있는 관광명소, 즐길거리, 특산품 등을 나열해 정리했다. 단 하나의 글귀 '공식페이지 맞음(궁서체로)'라고 적은 데에서 문경시청의 페이스북은 어떻게 운영되고 있는지 궁금증을 자아낸다.

문경시청 페이스북 메인 페이지

　이렇게 많은 지방자치 단체의 SNS 가운데 문경시청의 페이스북 페이지가 유독 드물게 주목받는 데에는 페이지 관리자의 '인싸력(사람들과 잘 어울릴 수 있는 능력)'이 있다. 유머를 주로 다루는 온라인 커뮤니티 '웃긴대학' 등에서 탐독하며 '드립(애드리브의 준말로, 인터넷상에서 어이가 없는 말 혹은 앞뒤가 안 맞아 지어낸 듯한 발언을 뜻함)'을 연구한다는 그는 '약빤 문경 페북지기'로 통한다. '나라에서 허락하는 유일한 마약'이 문경시청 페이스북이 될 수 있도록 하겠다는 그의 바람대로, 그가 담당자로 일하기 전 5천여 명이 팔로우하고 있던 것에서 현재는 1만8천 여 명으로 3배가량 늘어나며 화제가 되었다. 간혹 인터넷을 업무용도로만 쓰는 사람에게는 읽어도 이해하지 못할 인터넷 유행어가 난무하지만 이것으로 페이스북의 10~30대 연령층을 사로잡은 것이다.

　또한 문경시청 페이스북 페이지에서는 어느 지방자치 단체 또는 공공

기관보다 활발하게 이벤트를 개최한다. 대개 한 달에 한번 정도 열리는데 거창한 대회가 아니라 누구나 소소하게 참여할 수 있어서 더욱 인기가 높다. 이벤트의 제목만 보더라도 '천하제일 정신 승리대회', '천하제일 허언증 콘테스트', '새해엔 일단 뭐라도 이뤄보자 하는 이벤트' 등 쉽게 참여할 수 있는 주제와 웃음을 담고 있다. 최근에는 이벤트에 당첨되면 문경시청 앞에서 절하는 영상을 촬영하여 보내겠다는 공약을 지킨 참여자도 있어 재미를 선사했다. 이러한 팔로워들의 적극적인 참여는 문경시청 페이스북 페이지를 구성하는 또 하나의 콘텐츠가 되기도 한다. 물론 높은 참여율은 자연스럽게 문경시에 대한 관심과 인지도 향상으로 이어지고 있다.

그리고 이러한 이벤트를 알리는 포스터 게시물에서도 문경시청 페이스북 페이지만의 특색을 느낄 수 있다. 보통의 지방자치 단체의 포스터물이 유명 관광명소나 비경을 담은 사진으로 장식한 반면, 문경시청에서는 윈도우의 그림판으로 쉽게 그린 듯한 그림을 전면에 세운다. 1차원적인 선과 도형의 합체로 표현한 그림은 오히려 어설퍼서 친근감을 준다. 사과 축제를 알리는 포스터에 사과 모양의 손을 그린 깨알 같은 재미도 선사한다. 전문가의 화려한 그림이 아니어도 문경시청의 일관된 표현법이 더욱 특색 있게 느껴지는 이유다.

사실 유쾌하고 기발한 콘텐츠로 문경시청의 페이스북 페이지가 주목받지만 다른 SNS에서도 문경시를 알리는 일은 활발하다. 그 중심에 '문경시 SNS 서포터즈'가 있다. 선발된 서포터즈들은 블로그, 페이스북, 인

문경시청 페이스북 게시물 일부

스타그램 등 각종 SNS에서 문경시를 자발적으로 알리고 있다. 기존에 각 SNS 채널을 활발히 운영하고 있거나 전문가 수준으로 찍은 문경시의 풍경, 명소 사진은 문경시를 찾아오게 하는 데에 많은 영향을 준다. 서포터즈들이 문경시청의 페이스북 관리자보다 때로 적극적으로 문경시를 홍보하는 셈이다.

이와 함께 문경시청 페이스북 페이지가 SNS를 잘 운영하고 있다고 또 하나 말할 수 있는 것은 '수많은 팔로워들과의 소통이 두드러진다'는 것이다. 기존에 지방자치 단체의 공식 홈페이지나 SNS가 지역 정보를 알리거나 관광 홍보를 위한 채널로 운영되었던 것에 비해 문경시청 페이스북 페이지는 쌍방향의 소통을 원활히 하는 공간이다. 문경시에 대한 생활정보를 묻는 질문에는 물론이고, 참여 댓글마저 인싸력 넘치는 센스에 서로 댓글이 오간다. 이러한 소통은 다른 매체보다 빠르고 믿을 수 있는 정보를 얻는 신뢰를 쌓고 있으며 문경시에 대한 관심으로 이어지고 있다.

유튜브에 또 보고 싶은 광고가 있다, 다다스튜디오

다다스튜디오는 CJ ENM의 디지털커머스 본부에서 운영하는 V커머스 콘텐츠 전문 제작사이다. 다다스튜디오의 콘텐츠는 각 주제별로 다다리빙, 다다뷰티, 다다토이, 다다푸드, 1분 홈쇼핑, 다다블리 등 총 6개의 유튜브 채널에서 볼 수 있다.

1500만 명의 구독자를 지닌 다다스튜디오에서는 세상의 모든 상품이 재미있게 재탄생된다. 이것은 다다스튜디오가 유튜브 채널을 운영하는 데에 있어서 브랜드 정체성을 확립하기에 매우 적합했다. 유튜브는 기존의 TV에서 봐 왔던 영상을 인터넷 플랫폼으로 옮겨왔다고 해서 성공하는 것이 아니듯 크리에이티브한 콘텐츠가 많은 구독자를 확보하는 힘이 된 것이다. 하나의 영상을 보고 나면 어떤 상품을 또 어떻게 재미있게 소개할지 궁금해서 광고인 줄 알면서도 계속 보게 만든다.

　다다스튜디오가 많은 구독자를 확보할 수 있었던 데에는 모바일에 적합한 영상을 제작한다는 점도 비결로 꼽을 수 있다. 디지털 마케팅 업체 '메조미디어'에서 발표한 '2018 디지털 동영상 이용 행태 조사'에 따르면, 각 기기별 일주일 평균 동영상 시청 비중은 모바일 42%, PC 32%, TV 26% 순으로 모바일을 이용한 비중이 압도적이다. 다다스튜디오의 동영상도 1분 내외로 길이가 짧아 모바일로 언제 어디서나 시청하기에 부담이 없다. 무엇보다 1분 길이의 짧은 동영상만을 게시할 수 있는 인스타그램에도 업로드가 가능하여 하나의 콘텐츠 제작으로 멀티채널을 통한 마케팅을 할 수 있다.

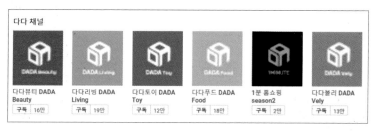

다다스튜디오의 다양한 채널

　유튜브를 운영함에 있어서의 성공은 흔히 구독자 수를 기준으로 구분짓지만 본래 V커머스 콘텐츠 제작사인 다다스튜디오의 영상은 상품 광고의 목적인 구매를 고려한 콘텐츠라는 점에서도 우수하다고 평가된다. 우리는 기존에 TV 광고의 상품이 주로 브랜드의 이미지에 초점을 맞추고 있거나 상품의 장점을 일방적으로 전달하는 것에 익숙하다. 반면에 다다스튜디오는 상품을 직접 사용하면서 상품의 다양한 용도, 장점 등을 직관적으로 보여주어 소비자의 구매 욕구를 더욱 자극한다.

여기에서 끝나지 않고 유튜브 게시물에 동영상을 보고 바로 구입할 수 있도록 구매 좌표 링크를 추가하여 소비자 편의적이다. 이전에도 다양한 인터넷 플랫폼에서 직접적인 구매 사이트로의 이동 가능 여부에

다다리빙 채널 제시 예

따라 매출 성과에 큰 차이를 보였다는 전례에서 그 유익성을 가늠해 볼 수 있다. 실제 다다리빙 채널을 통해 판매를 연계한 이색상품 쇼핑몰 '펀샵'의 빗고데기는 약 10배의 매출 향상 효과를 보았다고 한다.

다다스튜디오에서 유튜브 구독자의 편의를 고려한 점은 리빙, 뷰티, 토이, 푸드 등 총 6개의 다채널로 구분하여 운영한다는 것에서도 엿보인다. 이것은 유튜브에서 하나의 주제를 가지고 꾸준한 콘텐츠를 발행할 때 자신의 입맛에 맞는 채널을 선택한 구독자를 지속적으로 확보할 수 있다는 사실과 연장선상에 있다. 어떠한 광고주의 상품일지라도 각 카테고리별로 채널을 보유하고 있기 때문에 구독자의 관심사에 맞게 영상 공급이 가능하다. 이러한 맞춤형 공급은 관심사를 기반으로 한 타깃 소비자를 분명히 할 수 있어 광고주 입장에서도 매우 매혹적인 채널로 보인다.

SNS에 대박맛집의 비결이 있다,
행복한집

외식업계에 종사하는 독자라면 시장에서의 혹독한 SNS 마케팅 경쟁을 경험했을 것이다. SNS를 주로 이용하는 젊은 층의 트렌드가 입으로 먹고 눈으로도 먹는 '예쁜 맛'을 선호하여 SNS에서 사진으로 공유되는 음식을 만들기 위해 노력한다. 그리고 '지역명+맛집' 형태의 해시태그와 자신의 매장명을 함께 게시물에 등록하는 해시태그 이벤트를 진행하는 것도 자주 본다. 그만큼 우리는 SNS에서 맛집을 검색하거나 누군가가 맛있게 먹은 음식 사진을 보고 방문하는 일이 습관화되어 있다.

안양의 범계역 근처에 위치한 요리주점 '행복한집'은 SNS 마케팅으로 매출에 상당한 효과를 보았다. 오픈 당시, 빠른 입소문을 위해 마케팅 방법으로 선택한 것이 바로 블로그 체험단이다. 이용권을 제공받은 블로거들이 매장을 방문한 후 솔직하게 작성한 리뷰는 '범계역 술집'을 검색한 많은 고객들이 찾아오는 데에 효자 노릇을 하고 있다. 블로그 체험단 중에는 첫 방문 이후 매장의 단골손님이 되기도 했다.

사실 행복한집은 메인 상권의 1층에 위치하고 있지는 않아서 지나가는 사람들이 쉽게 찾아올 수 있는 조건의 장소는 아니다. 4층이라는 불리한 상권 위치를 극복하기 위해서는 적극적인 SNS 마케팅이 필수적이다. 그래서 진행한 것이 바로 페이스북 타깃 마케팅이었는데 그 효과를 톡톡히 보았다. '경기도 안양'을 위치로 설정하고 매장의 분위기와 메뉴에 맞게 젊은 층을 연령대로 설정하여 공략했다. 관심사도 '음식'으로 설정하여 타깃을 명확히 했다. 이렇게 타깃을 고려한 마케팅은 다른 광고에 비해 저렴하면서도 효과만점이었다.

또한 직접적인 광고비를 지출하지 않고 고객들의 포토존이 되는 몇 가지 아이템만으로도 광고 효과를 보고 있다. 고객들은 자판기 모양의 매장 입구 문을 보고 신기한 듯 사진을 찍어 인스타그램에 올리기 시작

매장 내 포토존 인증샷

했고 매장 내부의 '오늘 술 한 잔이 사랑이 될 줄이야'라는 감성 문구가 적힌 네온사인은 셀카를 찍는 스팟이 되었다. 인증샷을 남기고 싶어 하는 고객들이 스스로 사진을 찍어서 SNS에 올려 저절로 매장이 홍보되는 효과를 얻고 있다.

최근에는 4층에 위치하고 있는 매장의 불리한 조건을 보완하고자 건물 외벽에 4미터 크기의 대형산타를 설치한 것이 이슈가 되기도 했다. 1층에서도 눈에 띄는 조형물 덕분에 4층에 위치해 있음에도 불구하고 요리주점이 있음을 알릴 수 있다. 그리고 산타를 본 상당수의 예비고객들은 호기심과 기대감에 매장 방문으로까지 이어진다.

행복한집 외부 조형물 사진

음식의 디테일도 놓치지 않았다. 행복한집의 떡볶이 메뉴는 치즈 덕후라면 그냥 지나칠 수 없도록 비쥬얼을 강조한다. 주문을 받은 고객에게 즉석에서 치즈가 폭포수처럼 흘러내리는 것을 보여주며 제공하고 있다. 사실 치즈떡볶이는 고객에게 접대하기 전에 음식에 치즈를 얹어서 제공해도 맛은 동일할 것이다. 그럼에도 불구하고 똑같은 맛이라도 시각적인 자극을 주어 고객들이 직접 기록으로 남겨 SNS에서 공유하고 싶게 만들기 위함이다.

실제 매장에서 이러한 동영상을 찍어 올린 SNS 게시물을 살펴보면 댓글에 '@ 언급하기' 기능을 활용하여 짧은 시간 안에 많은 사람들이 조회했음을 알 수 있다. 이렇게 행복한집의 다양한 마케팅 요소들은 SNS에서 적중했고 실제 매출 상승으로 이어지는 결과를 얻었다.

SNS 마케팅 실시 전후 매출 비교(자료제공:행복한집)

선한 영향력, SNS에서 배가 되다, 챌린지

각종 SNS 챌린지는 앞서 이야기한 기업 또는 브랜드처럼 수익 향상을 꾀하는 마케팅의 일환은 아니지만 SNS의 엄청난 확장성을 보여주는 대표적인 사례이다. 무엇보다 좋은 취지에서 기획되는 다양한 챌린지들은 많은 사람들의 자기주도적 참여를 이끌어내 사회 전반적으로 선한 영향력을 끼치고 있다. 유명 연예인은 물론이고 기업, 일반인들까지 적극적으로 SNS에 인증샷 혹은 영상을 남기며 기부에 참여하고 사회 공익을 실현하는 것이다.

그중에서도 아이스버킷 챌린지는 SNS를 통해 전세계적으로 확산되어 루게릭병 환우들을 돕는 데에 성공적이었다.

참가자가 SNS에 얼음물을 뒤집어쓰는 영상을 올린 뒤 다음 도전자 세

명을 지목해 릴레이로 기부를 이어가는 방식이다. 지목을 받은 사람은 24시간 내에 똑같이 얼음물을 뒤집어쓰는 영상을 올리거나 미국 루게릭병협회에 100달러를 기부해야 한다. 차가운 얼음이 몸에 닿을 때의 따끔함이 근육이 수축되는 루게릭병의 고통과 유사하다고 해서 그 고통을 함께 느껴보자는 취지에서 기획되었다. 이 캠페인은 SNS에서 유행처럼 급속도로 퍼져나갔고 기부를 하면서도 동시에 얼음물을 뒤집어쓰는 영상을 올릴 정도로 선행에 참여한다는 상징적인 의미를 담아 사회의식을 일으키는 역할을 했다.

아이스버킷 챌린지 캠페인 이미지

환경보호에 대한 관심이 높아지다보니 최근에는 플라스틱 프리 챌린지도 활성화되었다. 얼마 전, 인도네시아 해변에서 죽은 채로 발견된 고

턴블러 사용 캠페인 이미지

래의 뱃속에서 6킬로그램이 넘는 양의 플라스틱이 발견되었다는 뉴스는 전 세계적으로 충격을 안겨주었다. 그 이후 플라스틱 사용을 규제하는 움직임과 자발적으로 일회용품 사용을 자제하려는 운동이 사회 전반적으로 진행되고 있다.

일회용품 대신 텀블러를 사용하고 #Nomoreplasticislands, #플라스틱프리챌린지 해시태그와 함께 인증샷을 올리는 것만으로도 자동으로 1000원씩 적립되어 세계자연기금에 기부 및 제주의 환경보호 활동에 동참할 수 있다. 사실 환경보호와 관련한 움직임은 예전부터 계속되었지만 이는 생활 속에서 '나'부터 쉽게 실천하고 SNS를 통해 '너도나도' 함께하는 문화로 정착하는 데에 큰 역할을 했다.

아이스버킷 챌린지와 유사한 형태로 진행된 모티바핑크 챌린지는 2018년 10월, 인스타그램에서 화제가 되었다. 10월 '유방암 예방의 달'을 맞아 모티바코리아에서 주최한 이 캠페인은 러닝 혹은 운동 참여 인증 사진을 #모티바핑크챌린지 해시태그와 함께 올리면 해당 기업에서 포스팅당 10000원에 해당하는 금액을 대한암협회에 기부하는 형태이다. 다양한 유명 인사들이 참여하여 캠페인의 활성화를 도모한 덕분에 당초

목표인 5천만 원을 훌쩍 넘어 지난해 11월 중순 3억 원을 기부하며 종료
됐다. 놀라운 파급력을 가진 SNS가 사회에 미치는 영향력을 다시 한 번
느낄 수 있었던 사례다.

모티바핑크 챌린지 캠페인 참여 이미지

실로 우리는 다양한 사례를 통해 SNS의 위력을 보았고 느껴왔다. 챌
린지 자체는 마케팅을 위한 이벤트는 아니지만 우리 사회에서 SNS가 얼
마나 다양한 역할을 하고 있는지 생각해보는 충분한 계기가 되어 준다.
SNS의 전파력을 확인한 이상, 챌린지이든 직접적으로 기업의 제품을 소
개하든 어떠한 형태로든 SNS 마케팅을 하는 데에 망설일 이유는 없을
것이다.

SNS 고수들의 한 마디

이 책을 쓰면서 집필했던 5권의 SNS 마케팅 관련서를 다시 다 읽었다. 직접 운영 중인 SNS 채널 50만 팔로워의 노하우와 5권의 책 노하우를 이 책 한 권에 모두 담았다. 제자들과 함께 부끄럽지 않을 책을 출간하기 위해 마지막 한 글자까지 점검했다. 누군가에게 이 책이 등대처럼 빛을 밝혀주는 역할을 하길 소망한다.   **정진수**

아마란스피누스에서 26년간 경영 마케팅을 해오면서 시장경제의 급변화 속에 SNS 마케팅의 중요성을 몸소 느꼈다. 하지만 정작 현실에서 쉽게 다가가지 못했던 것도 사실이다. 이 책을 집필하기로 했을 때, 나와 같은 아날로그 세대들이 쉽고 재미있게 SNS 접하기를 바랐다. 이제 우리 세대도 SNS를 통해 세상에 지혜를 함께 나누고자 한다.   **이선영**

SNS는 더 이상 시간 낭비의 대상이 아니라 성공을 위한 필수 아이템이다. 누군가를 웃게 만들고 누군가를 울게 만드는 SNS. 더 이상 SNS를 미루지 말고 오늘부터 SNS로 당신의 미래를 열어라! 이 책이 당신을 SNS의 세계에서 승리로 이끄는 성공 열쇠가 되길 빈다.   **최기원**

상향 평준화의 시대! SNS 마케팅은 누구나 할 수 있지만 모두가 잘할 수는 없다. 할 줄 아는 것과 잘하는 것은 엄연히 다르다. SNS 국가대표팀과 함께 학습하고 실천하며 몸과 머리로 배운 것들을 모두 녹여냈고, 디테일의 차이가 남다른 결과를 만들어내기에 그 차이를 이 책에 담았다. 모든 분들이 책을 통해 크게 성장하시길 염원한다. **김재은**

'과연 내가 할 수 있을까?'라는 생각 속에 '우리 팀과 함께 하면 할 수 있다'라는 믿음으로 시작했다. 누군가에게 가르칠 때 가장 많이 배우듯, SNS 생태에 대해 관찰하고 조사하며 발견한 내용을 누구나 알기 쉽게 전파하자는 마음으로 표현하려고 노력했다. 이 책을 읽으며 모든 분들이 한층 성장하길 기원한다. **김선화**

10년 차 웹에이전시 뉴리버의 COO 최고 책임 경영자로 일하면서, 빠르게 변화하는 세상의 무대에서 살아남기 위한 SNS 마케팅에 대한 갈증을 가졌고, 정진수 대표를 통해 배울 수 있었다. 그리고 그것을 누군가와 공유하려고 한다. 내가 SNS를 배우면서 느꼈던 그 설렘을 이 책을 읽는 모든 이들도 느끼길 진심으로 바란다. **박설미**

자영업자 100만 폐업의 시대, SNS는 경쟁에서 살아남기 위한 마케팅 전쟁 터가 되었다. '나도 한 번 해보지 뭐.'라는 마음으로 시작했다가는 SNS 마케팅의 효과를 의심하게 된다. 적당히 알고 하는 것과 적지하고 하는 것은 분명히 성과의 차이가 있다. 아직도 SNS 마케팅의 효과를 믿을 수 없다면 이 책을 읽고 실천해보길 바란다.   **유선일**

SNS 마케팅은 선택이 아닌 필수가 되었다. 이 책은 SNS 마케팅의 바이블과도 같다. 누군가에게는 SNS 마케팅이 생소하고 첫 도전이겠지만 이 책이 길잡이 역할을 해주리라 믿는다.   **이민재**

온라인 마케팅의 성장과 함께 필자는 기업에서 온라인 마케터, 소셜 마케터, 브랜드 마케터로서 16년간 현업에 종사해 왔다. 광고비 없이 온라인 마케팅만으로 하루 1억 원의 매출을 내기도 했었던 것은 타깃 소비자를 사랑했던 마케터와 SNS의 힘이 아니었다면 불가능했다. 이러한 필자의 경험을 토대로 누구나 가질 수 있는 동등한 기회의 땅인 SNS 마케팅을 정복하기 위한 쉽고 자세한 가이드를 제공하고자 했다.   **최은희**